U0855140

中 国 纪 念 馆 故 事

丛书主编 沈 强 朱成山

重庆红岩革命历史博物馆故事

主编 厉 华

南京出版传媒集团
南京出版社

图书在版编目(CIP)数据

重庆红岩革命历史博物馆故事 / 厉华主编. —南京：
南京出版社，2012.8
（中国纪念馆故事 / 沈强，朱成山主编）
ISBN 978－7－5533－0005－4

Ⅰ.①重… Ⅱ.①厉… Ⅲ.①革命博物馆－重庆市－
青年读物 ②革命博物馆－重庆市－少年读物
Ⅳ.①G269.261－49

中国版本图书馆 CIP 数据核字（2012）第157898号

丛 书 名： 中国纪念馆故事
丛书主编： 沈 强 朱成山
书　　名： 重庆红岩革命历史博物馆故事
本册主编： 厉 华
出版发行： 南京出版传媒集团
南 京 出 版 社
社址：南京市太平门街53号　　邮编：210016
网址：http://www.njcbs.com　　电子信箱：njcbs1988@163.com
联系电话：025-83283893、83283864（营销）　025-83112257（编务）

出 版 人： 项晓宁
出 品 人： 卢海鸣
责任编辑： 江山华
装帧设计： 乔 伊
策　　划： 博士工作室
责任印制： 杨福彬

制　　版： 南京展望文化发展有限公司
印　　刷： 南京京新印刷有限公司
开　　本： 718 毫米 × 1000 毫米　1/16
印　　张： 11.75
字　　数： 150千字
版　　次： 2012年8月第1版
印　　次： 2022年7月第3次印刷
书　　号： ISBN 978－7－5533－0005－4
定　　价： 40.00元

用微信或京东APP扫码购书　　用淘宝APP扫码购书

营销分类：教育 · 旅游

丛书总序

中国纪念馆应成为开展公共外交的平台

今年年初，成山同志邀请我为即将出版的《中国纪念馆故事》系列丛书作序，并告知中国目前已有1000多家各种类型的纪念馆。

纪念馆对国内观众是学习历史、缅怀先人、传承文化的重要场所，对外国观众则是中国开展公共外交不容忽视的平台。

公共外交和政府外交组成国家的整体外交。“简言之，中国公共外交的基本任务是向世界说明中国，促进外国公众认识真实的中国——包括中国的文化传统、社会发展、经济状况、政治体制和对内、对外政策等。”[*]在这当中，向世界说明中国的历史，尤其是说明近代史中的重大事件和历史人物是顺理成章的。

中国纪念馆应该成为开展公共外交的优势平台。随着我国社会经济的快速发展，中国国际交通的愈加便利，越来越多的外国人士来到中国。很多人到达一座城市，往往要参观各种各样的纪念馆，甚或在纪念馆座谈研讨、深入交流，以获得我国的历史文化知识和各种其他信息，从而加深对中国的了解，形成各种各样的印象。在纪念馆中参观交流的过程，实际上就是公共外交的实践过程，只是参与人可能并未意识到而已。当前，我国正处在文化事业大发展的时期，相信中国纪念馆的阵容会越来越强大，开展公共外交的前景会越来越宽阔。

中国纪念馆发展到今日已经具有开展公共外交的良好条件。

* 赵启正著:《公共外交与跨文化交流》，中国人民大学出版社2011年版。

更可贵的是，许多纪念馆已经有了强烈的开展公共外交的意识，十分注意跨文化交流的方法创新，主动为来馆的外国人服务。据悉，仅以侵华日军南京大屠杀遇难同胞纪念馆为例，去年共接待了563万观众，其中有40多万人次来自世界上95个国家。为此，他们不仅配备了12种语言的语音导览器和《展馆简介》，还专门招聘和培训了英、德、日、韩等语种的讲解员。该馆所有的展品和标识都用中、英、日三种文字标注。不仅如此，他们十分看重国际交流，经常在国内外组织和参加国际学术研讨会和史料展，不仅吸引了学者到会，也有南京大屠杀幸存者参加。这些年，他们到过日本、韩国、印度、孟加拉国、以色列、波兰、美国、意大利、丹麦、俄罗斯、菲律宾等国，进行了历史文化与和平友好的广泛交流。这些都属典型的公共外交活动。

各国纪念馆的设计都尽力协调对内和对外的传播。英国曾经在20世纪90年代的中后期，通过通商、观光（包括各种纪念馆）、文化振兴来强化公共外交。他们在发展旅游业的同时，没有忘记着力唤醒国民的自豪感，以此努力刷新英国“保守顽固的阶级社会”的旧国际形象。“9·11”事件以后，美国强调重振公共外交，注意到表达的手段要适合青少年。英美两国的这些做法，几乎与中国纪念馆的工作重点与对象完全一致，除了对外交流，还以本国青少年为对象进行教育，唤醒国民爱国主义的自豪感、责任感和自信心。

用讲故事的方式传播历史文化，开展公共外交，是一种好的方法。公共外交可以更为宽松、生动和灵活地采取多种形式在多种场合发出声音，讲述本国的“故事”。许多历史事件与文化现象往往比较复杂，如用心不够，讲解起来会枯燥、呆板。如果通过纪念馆忠于史实的再描述，把它们变成一个个有情、有景、有味、有吸引力的故事，再配之于一幅幅图片，使历史人物或者历史事件鲜活起来，才能易于人们，尤其是外国人听得明白。

出版这套书是一件值得肯定和支持的好事。我相信《中国纪念馆故事》的出版问世，一定会引起社会各界的重视，也为我国开展公共外交增添一抹亮丽的色彩。

（作者原为中国国务院新闻办公室主任，现任中国人民政治协商会议常委、外事委员会主任，兼任中国人民大学新闻学院院长）

目　录

144-175

第三部分　文物建筑篇

目　录

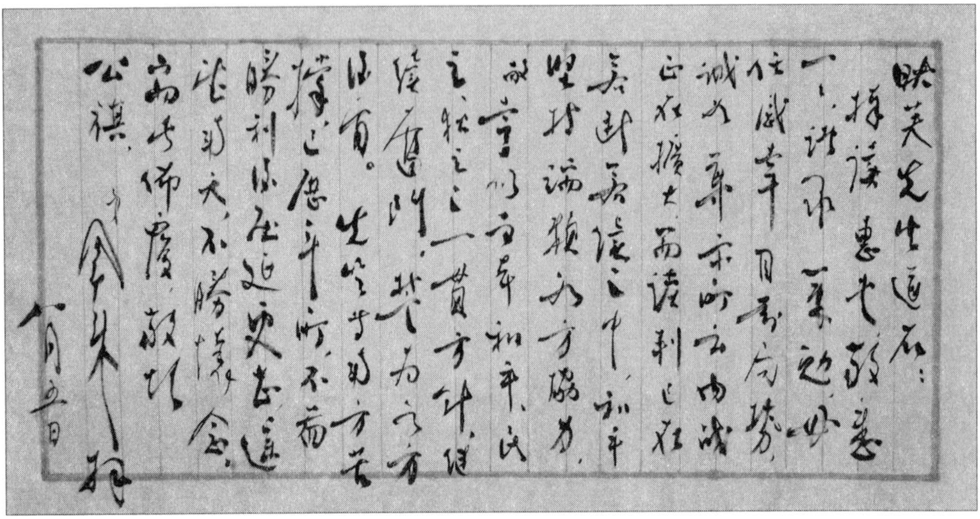

映芙先生道右：
拜读惠书，敬悉
一一。讲话一篇，拟如
任感荣。日前[illegible]合[illegible]，
识之。来示所云内[illegible]
正在[illegible]大而[illegible]利之在
[illegible]之中，和平
望于端赖各方协力，
诚哉言也。当年和平、民
主、独立之一贯方针，继
续奋斗，然后为之方
得有。先生于其方面
特已尽其所，不[illegible]
胜利临近，更当远
虑。我辈不胜翘企。
窃望拂覆，敬颂
公祺。
弟 沫若 拜
八月五日

前言

记忆红岩

红岩联线文化发展管理中心（重庆红岩革命历史博物馆）是以红岩革命纪念馆、歌乐山革命纪念馆、中国民主党派历史陈列馆以及陈独秀旧居、饶国梁旧居、郭沫若旧居、冯玉祥旧居等组成的一个博物馆群，它是文化体制改革中的产物，奉行“整合资源、市场运作、研究运作、连点成线”的十六字方针。红岩是这个博物馆群中的核心，它记录了抗日战争时期中共中央南方局在重庆执行党中央“坚持抗战、反对投降；坚持团结、反对分裂；坚持进步、反对倒退”的三大政策，积极推行抗日民族统一战线，为中华民族赢得二十世纪唯一一次反对外来帝国主义侵略的胜利奠定了坚实的社会基础。抗战胜利后，毛泽东亲赴重庆与国民党蒋介石谈判，签订了著名的《双十协定》，但是，蒋介石国民党不顾国际、国内社会舆论，顽固坚持一党独裁专政，发动内战，倒行逆施。在国民党统治区的地下党员和进步力量，积极开辟第二战场，敢于为国家民族的独立解放而前赴后继、顽强斗争，在白公馆、渣滓洞这样特殊的战场，用自己的生命和热血，书写了不朽的光辉篇章。

本书的每一个故事、每一个人物都是红岩的历史真实记忆。虽然这些人物、历史中的故事情节不可能在今天重现，但是，故事中凝结的思想内容、精神价值却是我们民族发展不可忘记的精神力量。

“忠诚与背叛”、“信仰的力量”是红岩中所表现的核心内容，也是我们今天现实生活中必须面对的话题。这本书除了对大家熟悉的红岩历史人物作了介绍之外，还着重介绍了一些大家鲜为人知的统一战线方面的历史人物，如火柴大王刘鸿生在抗战期间如何坚持发展民族工业，三次被开除党籍的国民党元老李济深，七君子中的女君子——史良，一生节俭的邵力子等等。这些故事对于我们了解这段历史，特别是了解中国共产党与各民主党派风雨同舟、患难与共的战斗历程有许多的经验和启示。作为保存、研究、传播红岩历史文化的红岩联线文化发展管理中心，将不断地挖掘整理历史文献资料，用更多的形式反映红岩历史，使更多的人走进红岩、感受红岩、了解红岩。

任脚下响着沉重的铁镣，
任你把皮鞭举得高高；
我不需要什么自白，
哪怕胸口对着带血的刺刀！

人，不能低下高贵的头，
只有怕死鬼才乞求“自由”；
毒刑拷打算得了什么？
死亡也无法叫我开口！

对着死亡我放声大笑，
魔鬼的宫殿在笑声中动摇；
这就是我——一个共产党员的自白，
高唱凯歌埋葬蒋家王朝。

红岩联线
CHONGQING HONGYAN
CENTER CIRCUIT MANAGEMENT

第一部分

人物篇

“火柴大王”

——刘鸿生

在中国的南北朝时期，人们便将硫磺粘在小木棒上，借助于火种引燃，可以说这是最原始的火柴。然而到19世纪，中国人竟要依靠西方列强，使用从欧洲传来的火柴，并把这神奇的事物称作“洋火”。更令人难以想象的是，当时中国人先后办了不下百余家火柴厂，却都因为容易自燃，又有毒性，很难与瑞典“凤凰”、日本“猴子”这些洋品牌竞争。“火柴大王”刘鸿生并不是国内第一个办火柴厂的，可他生产出了第一根中国人自己的安全火柴。

刘鸿生出生在浙江舟山的一个普通家庭，由于父亲早逝，生活过得十分的清贫，母亲靠着省吃俭用，将他送入了上海的教会学校——圣约翰大学读书。在校读书期间，他因不愿意接受校方的安排，成为一名神父，被迫离开学校，开始闯荡社会。

圣约翰大学

1919年，一战刚刚结束，国内爆发了“五四”爱国运动，全国掀起了声势浩大的抵制日货运动。这一年的刘鸿生刚刚步入而立之年，他通过10年的努力，成为了上海滩赫赫有名的“煤炭大王”，成功的跻身于上海滩的名流之列。

当时国家饱受战乱之苦，百姓生活颠沛流离，特别是这年的夏天，河南、苏北等地连降暴雨，洪水泛滥，大批灾民流离失所，纷纷涌入上海、苏州等地，刘鸿生感到“一人享福，万人受苦”的日子是不太平的。于是他开始想到创办工厂，发展实业，完成实业救国的理想。刘鸿生首先将目光投向火柴行业，创办了自己的第一间实业公司——鸿生火柴公司。或许谁都不曾想到在多年之后，这位昔日的“煤炭大王”摇身一变竟又成为了火柴行业的领军人物。

刘鸿生的决定不禁让人有些奇怪。常言道“隔行如隔山”，按常理来说，如果要兴办实业，创建工厂，毫无疑问的应该继续选择自己所熟悉的煤炭业，但是为什么刘鸿生要去选择自己毫不了解的火柴行业呢？

刘鸿生是这样考虑的：由于火柴生产工艺简单，属于大规模的手工劳作产业，需要大量的手工劳动者，此时建立火柴厂不仅能小有盈利，还能够为灾民提供工作机会，解决最基本的生活问题。此外，在当时中国的火柴市场上销量最好的要属日本“猴子”牌火柴，但因为国内的抵制日货运动，销量急剧下降，刘鸿生意识到这也许就是发展民族火柴工业的最好时机。

鸿生火柴厂

1920年，“鸿生火柴厂”在苏州正式投入生产。可是刚投入生产，工厂就遇到了问题，一盒火柴不等用完就受潮了，火柴头也极易脱落，这不仅是刘鸿生的工厂所面临问题，也是当时整个国内火柴行业共同面临的技术难题。1956年，刘鸿生在接受上海《新闻日报》记者采访时，曾回忆起这段往事：

“我的第一个企业是鸿生火柴厂。鸿生火柴厂出来以后，推销工作立刻受到障碍。因为市面上竞销‘凤凰’牌的瑞典火柴和‘猴子’牌的日本火柴。为了要和外国火柴竞争市场，我用高价请了化学工程师来改进技术，提高质量，压低价格。”

通过工程师半年多的实验，经过改良后的火柴不但经久耐用，在国内市场深受好评，甚至还成为了南洋市场的著名商品。可见，当时的中国并非“连火柴也造不出来”，甚至有出口的能力，并且能在海外市场与瑞典、日本火柴一较高下。

在当时抵制洋货、使用国货的思潮下，“鸿生”牌火柴迅速抢占了国内市场，带动了我国民族火柴工业发展，但外商却认为这种行为“侵犯”了他们的在华利益，于是大量外资工厂纷纷开始降价销售，以其雄厚的经济实力抑制和打压我国民族火柴工业的发展，使得国内的许多火柴厂纷纷面临倒闭。

此时的刘鸿生意识到，目前国内的华资工厂大都资金实力薄弱，单打独斗根本不足以与外资进行抗衡，要想挽救岌岌可危的民族火柴工业，只有将大家的实力集中起来，才是唯一的出路。随后不久，由“鸿生”等几家火柴厂合并而成的“大中华火柴公司”正

大中华火柴

式宣告成立。经过几年的发展，“大中华火柴公司”成为当时中国规模最大的国产火柴公司，打破了“洋火”一统天下的局面，挽救了当时摇摇欲坠的火柴业。刘鸿生因此也得到了“火柴大王”的美誉。

1933年5月，大中华火柴公司的国产火柴远渡重洋，出现在了美国芝加哥博览会上。那一张张富有东方文化特色的火花，那一根根高质量的中国火柴让参观者刮目相看、赞不绝口，在他们的印象中，东方中国是愚昧的、是落后的，但如今一根小小的火柴彻底颠覆了他们的观念。火柴起源于西方世界，但在几十年之后，由中国人自己制造的火柴扬名于西方世界的博览会，这让我国的民族火柴工业者甚至整个民族工商业者都为之感到骄傲，更值得全中国人民为此感到振奋。

（讲解员　龚菲）

不事张扬　大家风范

——许德珩

九三学社创始人许德珩是“五四”运动的学生领导人之一，《五四宣言》的起草者，他精通英、法两国语言。在他读大学的时候，发生过一件事，影响了他的一生。

那时，许德珩家境贫寒，虽然得到一个在经商的老同学的资助，但仍然过的非常艰辛。北京的冬天十分寒冷，许德珩又没有足够的钱买过冬的棉衣，于是，他总是在讲堂或图书馆里呆着，因为那里既可以读书，又有火取暖。然而，到了1916年年底，接济许德珩的那个老同学因做生意亏了本，无法再继续帮助许德珩，这让许德珩的生活雪上加霜。日子是要过的，书也是要读的，怎么办呢？许德珩并没有怨天尤人，而是直接找到了校长蔡元培，将自己的实际困难告诉了校长，并希望他能帮助自己解决这个难题。

许德珩

蔡元培先生当即问道：“会不会英文？”，许德珩答道：“会一点。”于是，蔡元培先生从书架上拿下一本英译本《多桑蒙古史》交给许德珩，并让许德珩翻译一节给他看。从蔡元培先生手中接过书，许德珩转身离开

了校长室，找了地方坐下，埋头开始翻译。快到中午的时候，许德珩已经翻译了一千多字，于是，他赶紧将这些翻译好的部分先交给蔡元培先生。校长拿过一看，非常惊讶。蔡元培先生其实来不及注意许德珩的翻译水平如何，但他发现，眼前这个衣着简朴的青年竟然写得一手好字，整个页面上工整的蝇头小楷，字字清晰，通篇的译文让人一眼看去不禁心情愉悦，眼前一亮。蔡元培认为，就凭这一手好字，就能说明这个年轻人做事认真细致，不急功近利，不消极怠工，于是便对许德珩另眼相看，决定帮助这个学生。许德珩在蔡元培先生的介绍下来到国史编纂处（当时附属于北京大学，蔡元培兼任处长）作课余翻译，这个工作让许德珩每月可以得到十元的银元。十元的银元对于许德珩来说可是解决了很大的问题，当时的一块银元可以换一百多铜板，每天一顿简单的饭大概要花上10枚铜板，在外租房要花上3元银元左右。因此，这十元银元的收入，不仅解决了许德珩生活上的困难，还可以省下来一部分寄回家里给母亲零用。在山穷水尽之时，蔡元培先生的帮助，对于许德珩来说，是莫大的支持和鼓舞，而这段困苦时期的援助，让许德珩在之后的很长的人生中，都竭尽自己所能去帮助困难学生、赞助办学。

蔡元培

1928年，许德珩在上海的大陆大学执教，教授社会主义史和唯物论辩证法。可是，不久国民党就以这所学校“与共党相勾结”为由，将其查封。就这么一个借口使得众多学生无书可读，老师无人可教，让许德珩十分悲愤！在这种情况下，为了坚持办学，同时为了反抗国民党的这一行径，许德珩决定以自己个人的力量办一所学校——社会科学院，将所有师生全部转到这个学校，继续讲学

上课。为了办学，许德珩与夫人劳君展商量后，倾尽家中所有的积蓄，来支撑学校的开办和正常的开支。这所学校开办了一年多，直到1929年底，当时在上海的暨南大学接受全部该校的学生为正式学生，这个学校的使命才结束。在许德珩家中，曾经还有一个不成文的习惯，每个月的工资发下来后，总是会先分成10块或二十块一摞，每次当有学生或其他人有需要时就拿出一摞，这样的事情在许家发生的太多了。对于其他人如此慷慨，可对于自己的家人，许德珩却是能省则省。女儿许鹿希聪明伶俐，学习一直拔尖，在高考结束后，几所学校寄来录取通知书，在选学校的问题上很犹豫，到底是选择协和医院呢还是北医大呢？父母知道后，意见很明确，不赞成她读协和医院，对于原因，许德珩的答案就是："协和太贵了，我们上不起。"这就是许德珩。对于资助学生，他回忆时说道：

"我当年就是靠蔡元培先生的支持，得以完成学业。今天我也有责任帮助和我一样的学生。"（邵鸿《慷慨奉义　高风亮节——许德珩一生捐资知多少》）

我们不知道在他的帮助下，多少人完成了学业，多少人渡过了困难，但是我们可以肯定，这些他帮助过的人总有一些会像许德珩一样，将这份感激传递下去，这于他人，于社会都是一份感动。

（讲解员　张艳君）

气节与信仰

——陈然

任脚下响着沉重的铁镣，
任你把皮鞭举得高高；
我不需要什么自白，
哪怕胸口对着带血的刺刀！

人，不能低下高贵的头，
只有怕死鬼才乞求“自由”；
毒刑拷打算得了什么？
死亡也无法叫我开口！

对着死亡我放声大笑，
魔鬼的宫殿在笑声中动摇；
这就是我——一个共产党员的自白，
高唱凯歌埋葬蒋家王朝。

这是一首脍炙人口的诗，一直以来，这首诗的作者写的都是陈然。但是，这首诗却不是陈然本人在狱中所写的，它是脱险志士罗广斌、杨益言、刘德彬根据陈然在狱中的表现和受刑后想写诗抒发自己绝不背叛政治信仰，保持坚定立场的真实历史所记录的。

抗战期间，陈然就在湖北参加了著名的抗战孩子剧团，16岁

陈然

就加入了中国共产党。1942年，他领导孩子剧团的地下党组织遭到破坏，陈然接到通知前往延安，却因为交通问题而改道重庆，组织关系也随之转到红岩村。在这期间，由于出现叛徒，党组织立即安排他到江津暂时隐蔽。因为生病，陈然又回到重庆治疗。当他再度返回江津时，党组织已经转移，陈然就这样和组织失去了联系。

对陈然来说，失掉组织关系，得不到党的指引和教导，就像孩子失掉了母亲一样，痛苦和迷茫可想而知。他坚信，党也在寻找他的孩子，只要坚持信仰不动摇，就一定能够重新回到党的怀抱！

1943年，为了维持生活，陈然经人介绍在中粮公司修配车间找到一份工作。与党失去联系的陈然没有消沉，仍积极从事团结、教育群众等革命工作。

1947年2月，国民党下令查封重庆《新华日报》，迫使报社全体人员撤回延安。《新华日报》被查封，共产党在重庆方面便失去了公开的新闻渠道。在这种情况下，陈然、蒋一苇、刘熔铸等几个地下党员将从香港寄来的新华社电讯稿油印成册，在小范围内传看，使地下党和进步群众能够听到党的声音，了解党的信息。后来，地下党市委派彭咏梧和他们接上关系，将这份油印报定名为《挺进报》，作为重庆地下党市委的机关报，并成立了电台特支和挺进报特支。陈然负责油印，成善谋负责抄收消息。

《挺进报》犹如一把钢刀，直插敌人的心脏，她又如一盏明灯，照亮了山城人民前进的道路。

其实，在1947年年底以前，敌特方面已经通过邮检发现了《挺进报》，并扣检了不少，但并没掌握什么实际线索，也就没有花很大的力量来对付。

从第15期起，《挺进报》开始对敌人采取攻心行动，不仅有针对性地增加了对国民党军警宪特、党政要员的警告内容，而且将报纸直接寄发给了敌特的机关。

在《挺进报》向国民党军、警、宪、特头目寄送后，立即引起了国民党、军统特务的高度重视。国民党重庆行辕主任朱绍良拿着《挺进报》大发雷霆，他把行辕二处处长徐远举叫到办公室训斥，命令徐远举限期破案。

徐远举绞尽脑汁，制定了一个“红旗特务”计划。“红旗特务”计划就是把经过国民党正规培训的一些高级特务，伪装成进步的学生、工人、失业人员，派遣到机关、团体、学校、厂矿里，通过自己进步语言、行为接近其进步人员，搜寻蛛丝马迹。

当时重庆有个民盟办的文城书店，是地下党利用来发行《挺进报》的联络点。书店里混进了“红旗特务”曾纪纲，他伪装成进步学生，骗取了地下党员店员陈柏林的信任。陈柏林向他的上级提出，能否发展曾纪纲为党员。当他的上级提出要和曾纪纲面谈时，曾纪纲立即向军统渝站站长李克昌汇报，于是徐远举指派特务抓捕了陈柏林和任达哉。陈柏林年幼缺乏对

挺進報

挺进报

敌斗争的经验，被敌人假象所蒙蔽，但是他在特务的酷刑面前表现坚强不屈，最后殉难于“11·27”大屠杀。而任达哉被捕后，经受不住酷刑折磨，投降叛变，他出卖组织、出卖同志，由此而导致整个重庆地下党组织的大破坏。

当时陈然在家中（南岸野猫溪，这里是《挺进报》的印刷地点）也收到了党内同志给他写的一封告急信：近日江水暴涨，闻群欲买舟东下，谨祝一帆风顺，沿路平安！陈然收到此信，明白地下党出了事，但是他作出了这样的决定：坚持把第23期《挺进报》印刷完，立即发行出去后再转移。当他印刷完《挺进报》正准备送出去的时候，他听到楼下有人叫喊查户口，已经有特务和警察在门口，他返回阁楼，将发行名单迅速撕毁，放进嘴里吞下。当特务、警察冲上来时，除了查到了第23期《挺进报》和油印工具外，敌人想要得到的名单却没有得到。

徐远举抓到陈然后，对他施用了各种酷刑，要他交出《挺进报》的发行名单，以便对地下党的外围组织实行更全面的破坏。在审讯拷打中陈然几次昏死过去，醒来后又怒斥匪徒，最后特务强行把他架起来，拿出纸笔，强迫他写出《挺进报》的发行名单。面对敌人的酷刑威逼，面对敌人的穷凶极恶，陈然以顽强的意志抗争到底。

最后敌人无计可施，只有将他押往刑场，公开枪杀。

当陈然等十人被押到刑场，行刑队正准备开枪射击时，陈然

印刷挺进报工具

突然转过身来，面对端枪的刽子手说：“你们有种的，正面开枪！”行刑队不敢开枪，场面静止了，最后几个特务冲上去，强行把陈然扭转过去，硬是对着他的背，开枪射击，陈然倒在了血泊之中！

陈然在刑场上是何等的壮烈、何等的潇洒！

“面对死亡放声大笑”，这视死如归的英雄气节，是他伟大人格力量的真实写照，是他对生命意义的高度弘扬！正如陈然在自己文章中说的，“气节是中国知识分子的优良传统精神。”这种大义凛然的气节早已融入我们民族的血液之中，也是红岩魂的内涵之一。我们在弘扬民族精神，建设社会主义强国，要屹立于世界民族之林时，不可失去精神的支撑，不可没有正气的鼓舞。

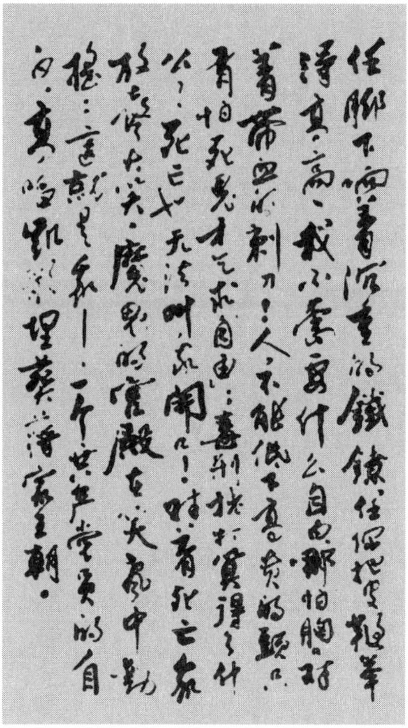
任脚下响着沉重的铁镣，任你把皮鞭举得高高，我不需要什么自由，哪怕胸口对着带血的刺刀！人，不能低下高贵的头，只有怕死鬼才乞求自由；毒刑拷打算得了什么？死亡也无法叫我开口！对着死亡我放声大笑，魔鬼的宫殿在笑声中动摇；这就是我——一个共产党员的自白，高唱凯歌埋葬蒋家王朝。

我的自白书

（办公室机要文档科科长　龚月华）

大有农场的女主人

——饶国模

在重庆西北郊的嘉陵江畔有一个叫做“红岩嘴”的地方，此地因地质为侏罗纪红色页岩，土地呈红色，又因地形看似一个延伸至江边的“嘴”型，故此地被人称之为“红岩嘴”。早年是一个暴发户的故土，后来被军阀圈占，用作靶场。再后来转手给了四川军阀刘湘手下的一个营长。那营长在部队调防后，准备交给自己的父母在这里养老。两位老人极不情愿，请算命先生一算，说这里“通红”，暗含通共之意，自认为不是个好地方，于是将它低价出售给了一位妇人。这位妇人买下250多亩荒谷坡地后，开始在里面办起了以种植花果蔬菜为主的农场。自1936年开始，经过一两年的精心筹划和经营，一个名叫“大有”的农场建立起来了。“大有”即“丰收”之意，一年四季，芳香馥郁，竹林果园，芳草甘木。不久之后，这个花果满山的“大有农场”成为了重庆为数不多的私家农场之一，这位妇人在这片红色土地上开始了自己实业救国的梦想。此人就是抗日战争时期和解放战争初期中共中央南方局和八路军驻重庆办事处的房东——红岩女主人饶国模。

饶国模，女，字范英，又名绍文。1895年，她出生在原四川省铜梁县云露乡、现重庆市大足县国梁乡的一个书香门第之家。这国梁乡就是因为纪念她的二哥、黄花岗72烈士之一的饶国梁而得名。青少年时期的饶国模思想进步，性格豪爽，追求上进，勤奋好学。饶国模在家乡读完铜梁女子中学后，1912年，饶国模又考入成都益州女子师范学校。在此期间，她受到谭嗣同、秋瑾以及因参加广州起义而牺牲的二哥饶国梁等人革命精神的影响、鼓舞和熏陶，逐渐萌发了民族、民主和爱国主义的思想，这对她后来在红岩所做的一切，奠定了深厚的思想基础。在成都益州女子师范学校读书期间，她受到男女平等思想的影响，与成都高等工业专科学校的学生刘国华勇敢地冲破封建婚姻习俗，自由恋爱，于1915年毕业后自主结婚。这时的饶国模，满怀“教育救国”的理想和沉浸在新婚后的幸福里，先后在威远和铜梁家乡等地小学任教。1922年，因丈夫刘国华在重庆铜元局工作，饶国模随夫携子来到重庆，因不愿在家享清福、当太太，便与朋友创办了“三友实业社”，也曾投资过小煤窑。饶国模的思想由教育救国逐渐转向了实业救国。

抗战爆发后，国民政府西迁重庆，中共中央决定以周恩来为主的南方局领导在陪都重庆建立中共中央南方局。经人介绍，来到红岩嘴大有农场，思想进步的农场主人饶国模毫不犹豫，并积极提出在农场里面修建办公大楼，于是饶国模从此多了一个亲切的称呼：“红岩女主人。”南方局的同志们在这里一待就是8年，直到1946年在周恩来带领下，南方局、八路军办事处迁离此地。在1946年5月，南方局东迁南京前夕，董必武特地为饶国模的农场题词为“大有农场”，并题写了一首诗《题赠饶国模女士一绝志谢》：“倭寇侵逼，国府西迁，重庆襟江背山，成为战时首都，远地来人云集潮涌，吾辈初至邦，

饶国模在重庆红岩村大有农场

1946年董必武题词《大有农场》

几难措足。铜梁饶国模女士，豪爽好客，渝郊红岩经营农场，欣然延纳，结庐其间，忽忽八年矣。当胜利还都，赠一绝志谢。诗云：八载成功大后方，红岩托足少栖惶。居停雅有园林兴，款客栽花种竹忙。”

南方局、八路军办事处东迁南京后，将八路军办事处大楼、托儿所等地归还于她。她让陶行知在国民参政会办起了育才小学，自己在八路军办事处大楼办起红岩小学，让一些地下党员或游击队员在小学里以教书作掩护，从事革命事业。1948年，她步三个子女之后，光荣地加入了中国共产党。

解放后，饶国模被中央人民政府任命为西南监察委员会委员，并当选为全国政协委员。她受邓颖超之邀迁住北京之后，将红岩嘴大有农场全部无偿地捐献给了国家。现在的红岩革命纪念馆就是在大有农场的基础上建立起来的。1960年她在北京病逝。党和人民政府为了纪念饶国模这位伟大的女性，特地在她的故居办起了《饶国模生平事迹展览》，并由原中共中央政治局常委、原南方局老同志宋平题写了“饶国模故居”的匾额，还在红岩的后山坡上修建了“饶国模之墓”。1985年金秋十月，邓颖超重返红岩时，在饶国模故居前，深情地回忆了这位爱国女性许多感人的事迹。她说：“我们应该永远记住她。”她又来到饶国模的墓前，鞠躬并献上了一束鲜花。

（讲解员　张闻一）

踏遍戈壁共草原　许身国威壮山河

——邓稼先

在中国民主党派历史陈列馆九三学社的展区里，静静摆放着几件普通的文物：一双黑色简单的塑胶鞋，一本陈旧的俄德字典，几张学习英文的唱片。文物的上方，悬挂着一张黑白照片，照片中的人目光坚毅，似乎看向那遥远的戈壁，他为之奋斗一生的地方。

这个人，就是我国两弹一星元勋，九三学社成员邓稼先。

邓稼先于1924年出生在安徽省怀宁县。1948年到1950年赴美国普渡大学读理论物理，获得博士学位9天后立即乘船回国。

1958年，中央军委决定，研发中国第一颗原子弹。这一工作属于国家高度机密，所有参与人员都无法和自己的家人解释自己在做什么工作，在哪工作，什么时候回来。此时的邓稼先，从美国留学回来在中科院工作了8年，作为该领域的专家，他被调去研究原子弹。临走之前，邓稼先和家人照了一张全家福，因为他知道，这一走不知是多久，不知道什么时候才能听到孩子叫一声爸爸，什么时候才能再见到心爱的妻子。带着这张照片，邓稼先率领着28位平均年龄只有23岁

邓稼先

原子弹

的新毕业的大学生，来到了中国的大西北，这片荒无人烟的戈壁滩。在这里，邓稼先和他的同事们一干就是20年。20多年中，我国共进行核试验30次，邓稼先亲自参与指挥的多达15次。核武器试验时大大小小突发的问题总是难以避免。一次，航投试验时出现意外，降落伞没能打开，原子弹坠地摔裂。这是一个突发事件，只见邓稼先一个箭步冲上前去把摔破的弹片捧到手里仔细检查，记录下了每个细节和有用数据。这次的数据弥足珍贵，最及时，最准确，为后来的核试验提供了重要的参考。可是，邓稼先为此也付出了惨重的代价，他因为近距离接触放射性物质，造成了肝脏破裂。得知这一情况之后，家人和领导都希望他回北京治疗。可是此时，中国的核实验工作已进入实质性阶段，为了尽早研发成功，邓稼先不得不和时间赛跑，拒绝了回京的安排。经过几年的潜心研究和努力，1964年10月16日下午3时整，我国第一颗原子弹爆炸成功。

茫茫戈壁尽头，在闪光和轰隆声后冉冉升起的蘑菇状烟云，虽然比1945年美国新墨西哥沙漠里的原子弹爆炸迟了十九年，但却那么强烈地震憾了全世界。从原子弹到后来的氢弹，美国用了七年，苏联用了四年，法国用了八年，而我国在没有任何外力的帮助下只用了两年零八个月！

就在原子弹成功爆炸后，发生了一个小插曲。一次，邓稼先的岳父，也就是九三学社主席许德珩在和老朋友，我国著名物理学家严济慈闲聊时说:不容易啊,咱们中国能自己造出原子弹来,不知谁有这么大的本事?严济慈听完一愣,继而哈哈大笑:这个人啊,你比我熟悉,看来稼先同志这二十年的保密工作做的非常出色啊!就是这时,许德珩才知道自己的这个女婿20年来忙碌的真实原因。可是邓稼先的身体却是一天不如一天。1985年,邓稼先在北京开会期间,忽然感到腹部不适,便利用会议休息时间去医院看病,没想到当即被医院留下住院。活体检查的结果出来了:他患直肠癌,而且癌细胞已开始扩散。

1985年8月,邓稼先终于做了切除直肠癌的手术,可是他长期接触放射性物质的身体已经经受不住任何创伤了。手术后,血流不止。当他虚弱地倒在病床上,看着前前后后为他忙碌的妻子,心中满是愧疚。他知道辞世的这一天迟早会来的,但没想到它来得这样快。这几十年中,他给家庭的时间太少了,他留给孩子的,将是永远对爸爸的思念,而留给妻子的,只是照片中永远定格的画面……

1986年7月29日,邓稼先因全身大出血而逝世,终年62岁。

1999年,为庆祝中华人民共和国成立五十周年,中共中央、国务院、中央军委在人民大会堂隆重表彰曾为两弹一星作出卓越贡献的23名科学家,追授邓稼先“两弹一星功勋奖章”。

很多人知道邓稼先,很多人敬佩邓稼先,可是很多人不理解邓稼先,没有名,没有利,没有与家人的天伦之乐。可是如果让邓稼先重新选择一次的话,他还会选择他已走的路,因为这就是他的信仰,他对这个国家,这个民族,这片土地最真挚的热爱。正是因为有了无数个邓稼先,才挺起了中华名族坚强的脊梁,才奏响了共和国华美的乐章。

(讲解员　张艳君)

“疯老头”

——韩子栋

在《红岩》小说中，“疯老头”华子良是最富传奇色彩的人物，在狱中，他常年装疯卖傻，却一直默默地为党工作着，韩子栋就是华子良的主要原型。

韩子栋，山东省阳谷县人。1925年考入聊城山东省立二中。1926年，国共两党合作领导了北伐战争，血气方刚的韩子栋被国民党当时所表现出的“革命性、进步性”蒙蔽，在省立二中加入了国民党，主要开展工运、农运活动。

1929年夏，韩子栋被指派到淄博鲁大煤矿当矿工，监视一位叫周月波的人，但在接触中，韩子栋被周月波的正义所感染，和他一起互相配合，维护工人利益，参加煤矿工人罢工斗争，遭到了国民党的通缉，并被国民党永远开除党籍。

韩子栋

1930年，韩子栋被迫离开山东来到北平，进入”私立山东中学”求学，并通过学校董事长李澄之、校长郝任夫的安排，在春秋书店当店员。

做店员期间，他阅读了大量进步书刊，并通过地下党员周怡的介绍，于1932年加入中国共产党。由于他有学生的公开身份，不久又奉命打入国民党特务组织“蓝衣社”卧底，深入敌特核心，截取了不少重要情报。

1934年，因被人密报，韩子栋不幸被捕入狱。他面对特务的审讯拒不承认指控，在几次与特务交锋后，韩子栋知道特务机关没有抓到他的任何实质证据，这更加坚定了他不暴露真实身份的信心。在长达14年的铁窗生涯中，韩子栋的罪名一直是“严重违纪人员”。

为了不暴露共产党员的身份，在狱中，韩子栋整日神情呆滞，蓬头垢面，无论刮风下雨，他总在白公馆放风坝里小跑，特务看守认为他是被关傻关疯了，便叫他“疯老头”。

抗战爆发后，韩子栋又和其他政治犯一起由南京转湖北武汉、又经武汉转湖南益阳，1939年转往贵州息烽监狱。

在狱中，韩子栋一直沉默少语，老是在不停地做清洁和一个人来回地走动，这在很大程度上麻痹了特务对他的看管，他利用自己比较自由的身份，秘密地担任与狱外联系的任务。

1942年，息烽监狱典狱长换成周养浩后，为了掩盖他们长期欺压政治犯的暴行，除了放宽自由活动的时间外，还提名韩子栋为搞伙食的“工作修养人”，改善狱中的伙食条件，此后还让其兼管狱中小卖部。韩子栋将狱中小卖部搞得红红火火，由此赢得了当局的信任。

1946年，韩子栋又转到重庆白公馆关押，狱中伙食同样非常粗劣。看守长在犯人的强烈抗议下，也将伙食交由韩子栋操办。因他比较“听话”、长期关押有点“傻”了，且老家在山东，重庆人生地不熟，不会横生枝节，再加上以前在息烽监狱的表现，故特务对他更为放心，他也因此获得较为自由的活动空间，还常去磁器口镇上购物，这使他有机会摸清了沿途及四周的环境情况，为今后的越狱打下了基础。

1947年8月18日，韩子栋又随看守卢照春去磁器口买菜。早就精心策划好逃跑的韩子栋趁着看守卢照春打麻将的机会，假装上厕所，大大方方走出门去。一到特务视野之外，立即飞奔，穿街过巷，赶到嘉陵江边，找到一只小木船，迅速地过了嘉陵江。他靠着天天在白公馆跑步的锻炼，日夜兼程，经过45天的长途跋涉，终于到达了解放区。

1948年1月，韩子栋向中共中央组织部递交了入狱及脱险报告，经组织审查后恢复了他的党籍。

解放后，韩子栋历任人事部副处长，一机部二局副局长，国家计委办公厅副主任，贵阳市委副书记等职务。

从1986年到1992年去世之前，韩子栋都十分关心重庆歌乐山烈士陵园的建设发展，多次参加举办的各类纪念活动。

1990年，韩子栋受中国关心下一代工作委员会和中国优生优育协会的委托，筹办“小萝卜头少儿工作委员会”。他以小萝卜头老战友的身份，在全国各地的学校讲述小萝卜头的故事，利用他的影响和关系筹资在北京、贵阳等地建造小萝卜头塑像。他积极地在全国的部分学校，包括在农村学校开展创建“小萝卜头班（队）”的活动，为培养革命事业接班人，弘扬党的优良传统奉献出了毕生的余热。

1992年5月19日，这位颇具传奇色彩的老人在贵阳病逝，享年84岁。

（办公室机要文档科科长　龚月华）

红色特工

——沈安娜

近几年来，随着谍战剧《潜伏》、《风声》的热播，许多像余则成、顾小梦这样的英雄人物被我们所熟知，剧中主人公传神、独特的经典表演，也许在现代人的眼里是通过艺术加工或编创者的想象而呈现出来的影视作品。其实不然。因为在红岩革命历史博物馆档案中就记录着这样一位与电视剧情节一样，奋斗在隐蔽战场的传奇人物。她，19岁开始传递第一份情报；她，传出五届五中全会上国民党防制异党活动办法，为揭露国民党假抗日实灭共的真面目提供了有力证据；她，就是被誉为“按住蒋介石脉搏”的红色特工沈安娜。

沈安娜1915年11月出生于江苏省泰兴县一个世代书香的封建大家庭。1935年1月开始担任中共地下情报员，1938年在周恩来、董必武的指派下，她以国民党特别党员的身份打入到国民党中央党部秘书处，长期担任国民党中央全会、中央常委会、国防最高委员会、立法院等机关的重要会议的速记员。在国民

沈安娜像

党高层会议上，她不仅对国民党高级官员的言行一清二楚，甚至还常常坐在蒋介石的身边从容地速记，她总是想尽一切办法把国民党的机密情报送给党组织。蒋介石也许做梦都没能想到，一直埋头记录的沈小姐，竟是中共的情报员。

没有人是天生的敌后情报员，在沈安娜长达十四年的潜伏生涯中曾经碰到无数次的危险，有一次甚至被国民党特务带着证据找上了门，那么她究竟是如何化险为夷的呢？

1942年8月，火炉重庆持续高温，骄阳下，只见身着紧身旗袍，手提黑色小提包，足登白色高跟鞋一副时髦打扮的沈安娜来到了约定接头地点心心咖啡馆。她走到靠窗的位置坐下，向服务生要了两杯咖啡后就埋头看书。时间一分一秒的过去，却迟迟没有等来同她一样潜伏在国民党内部工作的上线领导徐仲航。她心急如焚似乎有种不祥的预感，恨不得立马跑到徐仲航家里看个究竟，但多年的情报工作经验告诉她，她不能去。这漫长的等待过程对于沈安娜来说简直是一种煎熬。于是，沈安娜决定以孩子生病急需用钱为理由写封信给老徐一探虚实，可信发出后却犹如石沉大海，没了回音。直到有一天两个陌生人突然闯进了她的办公室："沈小姐吗，我们是军统局的，有个事想跟你谈谈。"沈安娜瞥了他们一眼，一边继续整理手上的文件，一边头也不抬地说道："我不认识你们，能跟你们谈什么？""你不认识我们不要紧，你应该认识这个吧。"这时，其中一个人从包里拿出一样东西，放在沈安娜面前，沈安娜斜眼一看，心里不由一惊：这不是我前几天给老徐的信吗？怎么会在军统手里，难道……她来不及继续想下去，马上镇定下来两眼直视放信的特务，"我写的信怎么会在你们手里？"特务蜡黄的脸上闪过一丝异样，直盯盯地对沈安娜问道："沈小姐何必激动，据我们所知，你信中的这个老徐来历不明吧？我们想知道你为什么会给他写信？为什么要跟他借钱？恐怕你们俩的关系不一般吧？"面对特务一连串咄咄逼人的问题，沈安娜强压住内心的慌乱，放下手中文件，缓

老年时期　沈安娜

缓地站起来，冷静地反问道："同事之间借几个钱又怎么了？我写封信难道还犯法？他的来历是经过党国审查的，你觉得我和他会是什么关系？"为了避免两人一直纠缠，未等他们反应过来，沈安娜扔下一句，"若觉得我有什么问题你们尽管去向朱家骅局长报告好啦。"便拿起桌上的文件，转身踱步走出了办公室。特务哀声叹道："哎，这个沈安娜现在可是中统局局长朱家骅跟前的红人啊，咱别没吃到羊肉，反倒惹一身臊。若她真是共党迟早回露出马脚。"于是两个特务也只好悻悻而去。

回到家后，沈安娜分析老徐极有可能已经被捕，为了安全起见，她连夜把家中一切可能引起敌人怀疑的书籍、信件统统投到火炉中，焚烧得一干二净。

在此之后沈安娜与党组织失去联系长达三年之久，她曾经回忆说："那是我一生中最艰苦的时期，我呆在10平方米的房子里，每天都在等人来取情报。更让我悲切的是，我搜集到的情报，因为没有人来取，而不得不亲自销毁。"虽然沈安娜与党组织失去联系，但她始终栖身敌营，战斗在敌人的心脏。

新中国成立之后，她一直在国家安全部工作直至离休。当她回忆起自己这段非凡的经历时，她谦逊地说道："我只是革命的一颗种子，是党培养我成长，开花结果，如果历史重来一次，我依然会这样选择。"2010年6月她安详的与世长辞，享年95岁。

（讲解员　熊珮）

一片丹心向阳开

——江竹筠

“红岩上红梅开，千里冰霜脚下踩！三九严寒何所惧，一片丹心向阳开！”一想起这首广为传唱《红梅赞》，脑海中便不由自主的闪现出江姐身穿蓝色旗袍、套着红色绒衣、系着白色围巾的英雄形象。然而，现实中的江姐其实是一个十分弱小的女子，身高仅1米56，但她却用自己高贵的革命气节，感染了狱中同志，成为了家喻户晓的女英雄。

江竹筠，原名江竹君，1920年出生在四川省自贡市大安的一个农民家庭。1930年，由于家乡的一场特大旱灾，江竹筠姐弟在母亲的带领下来到重庆，在一家织袜厂当了童工。11岁时，她又进入了重庆一所教会孤儿院，边做工边读书，养成了刻苦学习的习惯。

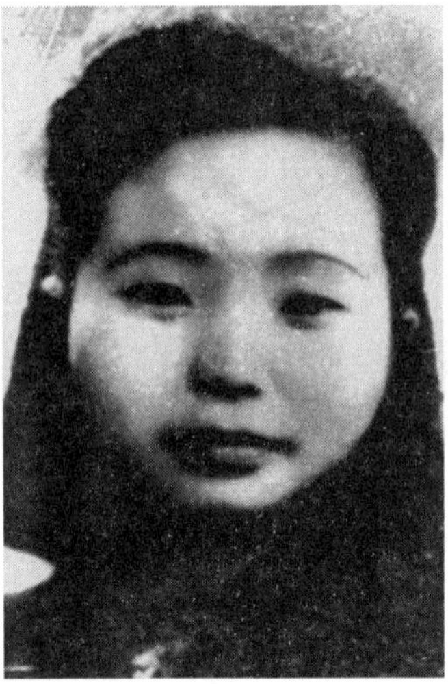

江竹筠

1936年秋，江竹筠小学毕业，考入南岸中学。1937年“卢沟桥事变”发生，全国性的抗日战争爆发，江竹筠坐不住了，暑期里，她和同学们组织了歌咏队、宣传队，走上街头宣传抗日。在抗日救亡运动的洗礼下，江竹筠迅速成长。

1939年，她考入重庆的中国公学，并秘密加入中国共产党。1944

年夏天，经组织安排，江姐进入了四川大学农学院学习，随后，由于工作需要，她与共产党员彭咏梧扮作夫妻组成“家庭”，作为重庆市委的秘密机关和地下党员的学习辅导中心。期间，为了躲避国民党的搜查和误收到彭咏梧妻子谭正伦被日军飞机炸死的消息，1945年，她与彭咏梧正式结婚，其后不久便生了儿子彭云。

江竹筠一家三口合影

1947年11月，江竹筠和彭咏梧受命到下川东组织武装斗争，1948年1月，彭咏梧在组织武装暴动时不幸牺牲。

江竹筠强忍悲痛，把弱小的儿子托付给战友，毅然接替起丈夫的工作。同志们担心她挺不下去而试图让她留在机关做文书，她却说：“这条线的关系只有我熟悉，我应该在老彭倒下的地方继续战斗。”

江竹筠走后不久，彭咏梧的前妻谭正伦就带着儿子彭炳忠到了重庆，承担起了照顾彭云的责任，虽然没有见到江竹筠，但彭云这根纽带，却将两颗女人的心紧紧联系在了一起。

1948年6月14日，由于叛徒涂孝文的出卖，江姐在万县不幸被捕，随后被关进了重庆渣滓洞监狱。

国民党特务妄想从这个年轻的女共产党员身上找到“缺口”，以破获重庆地下党组织。于是对她施以了各种酷刑，面对敌人的严刑拷打，江姐始终坚贞不屈，说出了铮铮誓言“你们可以打断我的手，杀我的头，要组织是没有的。”“毒刑拷打，那是太小的考验。竹签子是竹子做的，共产党员的意志是钢铁铸成的！”

一天两次动刑，毫无收获。特务们几乎绝望了，沉闷了。与此相反的是，敌人的绝望和沉闷，带给整个渣滓洞监狱难友们的却是希望和感动，难友们重新燃起了坚持斗争、保持气节的信念。

难友们纷纷以各种方式对江竹筠表达敬意。他们有的靠着牢房门口挥拳致意，有的双拳紧握向女牢房晃动！当时，最多的慰问方式就是用一些纸条写称赞、鼓励的话语，其中，男牢房的何雪松为江竹筠写了一首《灵魂颂》的诗，其中有一段这样写道：

你是丹娘的化身
你是苏菲亚的精灵
不，你就是你，
你是中华儿女革命的典型！

敌人从刑罚中没有得到半点所想要的情况，就给她戴上了20多斤的重镣折磨她。难友们十分担心，这会使江姐的伤势雪上加霜。

晚上，大家把江姐抬上床以后，江姐突然对大家说："你们看！"大家一看才知，原来，江姐的脚本来就很小，按尺码也就是34.5码左右，脱鞋后竟然可以把脚慢慢地从镣铐里退出来！

大家看后都轻轻地发出笑声。

在狱中，江姐最担心和牵挂的就是儿子彭云，1949年8月，经过营救，同狱的曾紫霞获释，出狱后，她将江姐对儿子的思念之情告诉了谭正伦，谭正伦带着彭云去照了张相，通过狱中的关系带给了江姐，这张照片也成了江姐在狱中最大的安慰。

1949年11月14日，一群特务突然出现在女牢门口，高声叫道江竹筠、李青林等人的囚徒号码，要她们赶快收拾行李，马上转移。

江姐知道，最后的时刻到了，她把自己的东西全部送给了难友，唯一带走的就是儿子彭云的照片。

在电台岚垭刑场，江姐站立着，环顾四周，但见歌乐山雾气浓浓、山风微微！焦黄的杂草丛中，不知名的小花，虽被秋风吹得起伏摇摆，但仍顽强地怒放着。

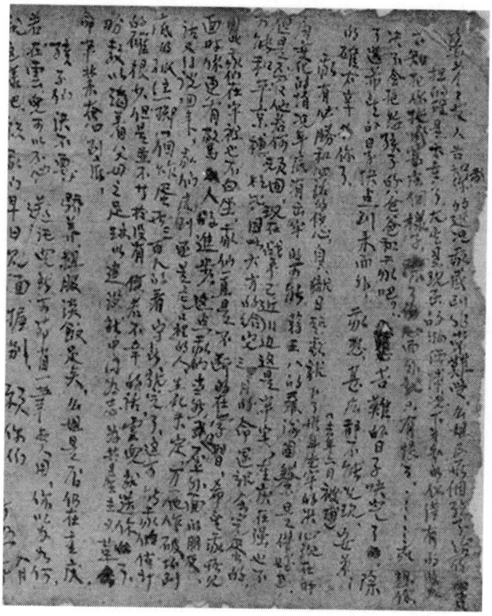

江竹筠给儿子彭云的遗信

在红岩革命历史博物馆的档案中，珍藏着几封江姐在狱中写给亲人的书信。当她得知丈夫殉难的消息后，她这样写道："家里死过很多人，包括我亲爱的母亲，不过没有哪一次像失去老彭那样令我窒息得透不过气来……人总是人，总不能不为这惨痛的死亡而伤心，我记得不知是谁说过，'活人可以在活人的心里死去，死人可以在活人的心中活着。'你觉得是吗？所以他是活着的，而且永远地活在我的心里。"在江姐带出的最后一封书信中对儿子的问题写下这样的遗言："假如不幸的话，云儿就送给你们了，盼教以踏着父母的足迹，以建设新中国为志，为共产主义事业奋斗到底！孩子决不要娇养，粗茶淡饭足矣！"

江姐走了，带着对党、对同志、对亲人的满腔热爱，然而她却永远活在人们的心中！成为共和国永不褪色、耀眼的红色记忆！

（办公室机要文档科科长　龚月华）

抗日功臣

——黄琪翔

一百一十四年前，一个健壮而白皙的婴儿带着整个家族的祝福和企盼，在广东梅县偏远的水车墟呱呱落地了。他就是日后被人们盛赞为“北伐名将、抗日功臣，既有鸿儒之雅、更具大将之风”的黄琪翔将军。他是国民革命军陆军上将，在东征，北伐，淞沪抗战，滇西等诸多战役中屡建奇功，为中国革命和抗日战争的胜利做出了卓越贡献。其中最为显赫的一役就是组织和指挥了震惊海内外的滇西战役。但这场惊天地、泣鬼神的战斗却没有得到广泛宣传，今天让我们重新回顾那段历史。

滇西即云南西部，这里东接昆明，西连缅甸，自古以来就是我国西南地区重要的边防门户和对外交通要道。1937年日本帝国主义全面发动了侵华战争，我国东南沿海大片土地沦陷，出海通道相继遭到封锁，西南的川滇黔成为支撑我国抗日战争的主要后方基地。为了缓解日军封锁造成的压力，改善后方的交通，继续保持与美英等西方盟国的地面联系，云南省主席龙云于1938年发动组织数十万云南民众抢修了

黄琪翔

云南至腊戌的滇缅公路，把大批盟国援华军用物资源源不断地运往国内战场，有力地支持了前方军民的抗日斗争。滇缅公路开通以后，大大增强了中国的抗战实力。为了掐断我方这条至关重要的生命线，迫使国民政府放弃抵抗，屈膝投降，日寇在发动太平洋战争、大举向南进攻的同时，于1942年初向我西南大后方出海通道发动了大规模的进攻。1月20日，日军从泰国边境攻入英属缅甸。鉴于缅甸局势岌岌可危，蒋介石先后两次派遣部队，入缅对日作战，并给部队起了个响亮的名字——中国远征军。

1937年，黄琪翔夫妇在上海合影

第一次派兵入缅是在1942年2月，由第五军、第六军和第六十六军组成的中国远征军开始向缅甸境内大规模挺进。但我们中国远征军将士到达缅甸后，虽然先后在同古、仁安羌等地大挫日军锋芒，但终因认识不一、指挥不灵、协作不力等因素，中国远征军被迫向印度和中国境内撤退，缅甸失守。

第一次缅甸战役失败以后，1943年国民政府在广泛动员各族人民奋起抗敌的同时，决定集中20万精兵，重组远征军，在东线向日军发动进攻。中国远征军司令部司令长官是陈诚，黄琪翔为副司令长官，萧毅肃为参谋长。中国远征军的基地设在昆明。陈诚在远征军任职不久，就因为生病被调回重庆。蒋介石另派卫立煌接任。为了切实做好反攻准备远征军的战略目标是东西两路并进，打通中印公路，与郑洞国所部驻印度的中国军队胜利会师。为了达到这个目标，中国远征军必须要渡过天险怒江，和海拔五千米的高黎贡山，夺回日军重兵布防的腾冲、松山。

出征前，黄琪翔专门飞赴重庆向蒋介石汇报强渡怒江的重要性，蒋介石听了黄琪翔的报告于1944年4月25日致电卫立煌、萧毅肃指示强渡怒江之战部署："黄副长官来渝面报，已悉种切。此次渡江出击之胜负，不仅关乎我国军之荣辱，且为我国抗战全局成败之所系。"为了这样的使命，卫立煌、黄琪翔与其他高级将领经过周密计划和部署，终于在1944年5月，下达了强渡怒江的命令。按照部署，远征军自5月11日起利用夜幕和雨季江边浓雾的掩护强渡怒江，分南北两翼向滇西日寇发起全面反攻。随后远征军又拿下了滇西重镇腾冲、龙陵，沿滇缅公路一路向国境方向长驱直入。1945年1月27日，中国驻印军和中国远征军在缅甸边境芒友胜利会师，至此，缅北滇西反攻胜利结束，中国远征军开始陆续回国。这次抗日战争史上无前例的伟大胜利，全歼日寇精锐五万余人，收复国土两万四千平方公里。此役还打通了中断多年的中印公路，使大量的美国救援物资得以源源不断地运送到中国，有力地支援了内地的抗日战争。

1944年9月，中国远征军副司令长官黄琪翔（右二）、中国远征军第十一集团军代总司令黄杰将军（右一）在滇西前线与盟军指挥官研究作战方案。

这次战役全体将士的丰功伟绩，在抗日战争史中谱写了光辉的一页，他们的英名将万古流芳，永垂青史。黄琪翔是这次战役最主要的组织者和指挥者之一，人民不会忘记他所建立的不朽功勋。抗战胜利后，黄琪翔荣获中国最高奖励："青天白日勋章"和"抗日战争胜利勋章"以及美国最高奖章"自由勋章"。

他是名副其实的"抗日功臣"。

（讲解员　袁惠明）

两袖清风的红色资本家

——肖林、王敏卿

南方局的整个党组织系统在抗战期间都是处于秘密的状态。在南方局领导的秘密战线上，有一群特殊人物，他们都是专门为党筹集经费的“红色资本家”。他们成天与美元、黄金打交道，但他们牢记周恩来所要求的：“同流不合污，出污泥而不染。”尽管“长袖善舞”，却依然两袖清风。在重庆三峡博物馆里有三块民国时期的银元，它们就见证了南方局地下党员肖林不平凡的“从商”经历。

“皖南事变”后，国民党停发了八路军和新四军的军饷，随着物价上涨，开支不断增加，为了适应持久战的需要，开展地下经济工作就显得尤为重要。时任中共南方局书记的周恩来同志，经过多方研究，指示重庆地下党员肖林“下海从商”，秘密为党筹集经费。周恩来对肖林说：“这种经济活动，有公开的一面，同一般工商业者一样，合理合法，正当经营；又有秘密的一面，资金来源和资金用途，是不公开的。做生意就是要赚钱，不要怕被人家说是唯利是图。你赚的钱不是为了个人私利，而是为了人民的事业。”虽然憎恶旧社会商场上的唯利是图，但肖林毫无怨言地服从了组织安排，他向周恩来说了一句简单而又有分量的话表明自己的态度：“这是对我党性的考验，我坚决完成任务！”

1941年4月，肖林与同是共产党员的妻子王敏卿在江津开了一家“恒源字号”的商行，主要业务是经营土纱、食糖、植物油等土特产。不久，又在重庆设立分号，宜昌附近设立办事处。1944年，“恒源字号”发展为“大生公司”，经营业务又增加了五金、木材、西药等种类。

从1941年4月到1946年5月，整整五年多的时间，1 800多个日日夜夜，从“恒源字号”到“大生公司”的逐渐发展，肖林和他的妻子王敏卿两位由红岩直接领导的“地下党员资本家”每天起早贪黑，辛苦经营。他们和当时陪都的众多中小商人一样，细心地操持着每一笔生意和买卖，“唯利是图”，见钱就赚。有时候还钻国民党政府的空子，囤积居奇，买空卖空，打打“擦边球”，尽最大可能地为党组织赚钱。五年中，只要南方局钱之光下达指令，需要提钱，他们总是绝对地保证满足，从没有误过一次事。

抗战胜利后，随着形势的变化，肖林又按党的指示把业务做到了上海。他将原来在重庆的“大生公司”改头换面，在上海新成立了“华益贸易公司”，寓意“为了中华民族的利益”。华益公司的业务，主要有三项：第一是专营上海与重庆、青岛、徐州、蚌埠之间的农产品及日用工业品的运销。这是主要的公开业务；第二是买卖黄金、美钞和股票；第三是套汇，即开设地下银行，利用上海与香港之间几种货币汇价的差异进行谋利。

肖林夫妇自“下海”以来，就切断了同地方党组织的联系，在上海期间主要与刘恕联络。刘恕是中共中央南京局财政委员会秘书长，公开身份则是中共代表团驻上海办事处（亦称周公馆）的会计。1947年3月周公馆撤离后，肖林夫妇只跟刘晓一人保持单线联络。这样，即使地方党组织遭到破坏，他们

肖林与妻子王敏卿

的真实身份也不会暴露。这是党组织的特殊安排。因为肖林夫妇掌握着地下金库的钥匙，他们的安全就是金库的安全。

华益公司赚来的钱，都用在哪些方面呢？众多烈士的家属，需要抚恤；生活困难的党员家庭，需要补助；国民党统治区物价飞涨，一些处境窘迫的知名人士，也需要地下党组织给予照顾。1948年下半年起，随着解放战争的迅猛进展，中共中央已在筹备建国事宜。不断有民主人士从上海启程，转道香港，秘密前往大连，最后抵达解放了的北平。这一笔又一笔路费，都要由党的地下金库来支付。

提取钱款的指令，有许多是从香港直接发出，用的就是那套只有肖林、刘恕才能看懂的密码。一接到这类特殊电报，就要按照指定地点，将钱款或支票如数送去，不能稍有失误。

与肖林并肩战斗的妻子王敏卿回忆说："我们是身着衣饰华丽的神秘送款人，身后跟着一个十七八岁的小伙子——公司会计王凤祥。送款人和接款人都心照不宣，谁也不打听对方的情况。"肖林为党"从商"自始至终无人监督，却对公司赚的钱从未擅动一分。解放后，他按指示结束了公司业务，上交的资金约合黄金12万两，其他固定资产折价1 000多万美元。自己却身无分文。为了纪念近十年不平凡的"从商"经历，肖林夫妇只留下了这三枚银元作为历史的珍藏。

三块银元

曾经有人问这昔日的“资本家”，对这笔财富是否有丝毫的留恋时，肖林淡淡地一笑。他和妻子王敏卿常说：“我们什么样的钱没有见过？那时候，常把装着金条的小盒子存放在家里，但那都是党的财产，一分一厘也不能用……”肖林夫妇正是以自己坚定的信念、崇高的理想构筑起坚实的精神堡垒，他们所思所求的是党和人民的利益，他们是真正意义上的精神富翁。

（讲解员　熊嫣然）

绝不玷污党的荣誉

——刘国鋕

《国际歌》中第一句歌词是:“起来,饥寒交迫的奴隶,起来,全世界受苦的人。”在白公馆、渣滓洞监狱的一些革命者,他们大多不属于饥寒交迫的奴隶,许多是出身于富有的家庭。但他们在自己的人生道路上,却义无反顾地选择了革命这条路,刘国鋕就是其中的典型之一。

刘国鋕,红岩小说中刘思扬的人物原型,出生于四川泸州一个大富豪的家庭,是大家庭中倍受娇宠的幺儿。

1936年至1939年,刘国鋕进入了成都建国中学读高中。在学校,他积极参加抗日救亡运动,研读了大量进步书籍,吸收了许多新的思想。

刘国鋕

1940年,他考入西南联大经济系,在四川叙永分校读书。由于他积极争取进步,地下党四川叙永分校支部发展他为党员。1941年迁到云南昆明西南联大本校就读。在这里,更加坚定刘国鋕追求真理,献身共产主义的信心。他在给侄子的信中写道:“……真理需要的是人的理解,而不是人的信仰;而真实的理解,自然会产生信仰的。”

1944年，刘国鋕大学毕业。他的家人希望他到国外继续读书深造，而他却向党组织主动申请去云南陆良县的一所中学，参加那里的党组织发展工作。

1947年，他受党组织的调遣，回重庆沙坪坝担任沙磁区学运特支书记。公开的身份是在四川省银行经济研究所资料室工作，后到《商务日报》作记者。在这个期间，国民党在昆明迫害民主人士闻一多、李公朴的血案发生后，他成功地组织了重庆各学校学生走上街头示威声援的活动，他还以刘钢为笔名，在《新华日报》上发表了《略论闻一多先生》的文章。

1948年4月，由于叛徒的出卖，刘国鋕不幸被捕。

刘国鋕被捕的当天晚上，如获至宝的徐远举就连夜对他进行突击审讯！

徐远举满以为刘国鋕这个大地主、大资产阶级出身的公子少爷，参加共产党不过是“青年人爱新鲜，喜欢赶时髦”，要制服他是很容易的事。可是，当刘国鋕用一连串的“不知道”回答他时，徐远举发现自己错了。他恼怒地说道：“你这个万贯家财的少爷，搞什么共产党？只怕你的皮肉娇嫩，吃不消！你的上级已将你出卖了，你不说我们也知道。这就是看你老实不老实。”

听了徐远举的话后，刘国鋕冷笑着回答道：“既然他们什么都说了，又何必来问我呢？你问我也不知道。”徐远举没有想到刘国鋕会这样，他恼羞成怒，露出了刽子手的狰狞面目，喝令对刘国鋕施以重刑。

渣滓洞、白公馆的刑罚是怎样一种情况呢？曾经被誉为“黑牢诗人”的蔡梦慰发誓要将狱中一切情况记录下来，以使后人知道这人间魔窟的残烈，在狱中，他写下了《黑牢诗篇》的长诗，诗中有这样一段记录狱中的刑罚：

热铁烙在胸脯上，

竹签子钉进每一根指尖，
用凉水来灌鼻孔，
用电流通过全身……

在这些“别致而又丰富”的酷刑而前，刘国鋕没有屈服。他牙关紧咬一言不发，弄得敌人无法审讯，只得将他带上脚镣，投入监狱。

刘国鋕被关押后，他的家人为营救他四处奔走活动，他的五哥刘国錤从香港给徐远举带来了一个纯金香烟盒、一只劳力士名贵女用金手表，徐远举收受了刘家的贿赂，同意放人，但是他提出：刘国鋕必须在报上发表声明退出中共组织。

当刘国鋕在特务办公室突然见到哥哥时，心情非常激动，他很想冲上前抱住哥哥痛哭一场！但是理智控制住了情感，刘国鋕只是惊奇地问：“五哥，你怎么到这儿来啦？”

刘国錤急忙上前劝说道：“国鋕，你不知道，为你的事，全家人急得团团转！我和他们已经谈好了，只要你在退党声明书上签个字，在报纸上公布一下，他们对你以前的事情会既往不咎。出去后，你愿意读书可到美国，不愿意读书就到香港来协助我发展。反正你不要去再去搞什么共产革命了，弄得我们一家人不安宁啊……”

亲情、自由、信仰，摆在刘国鋕的面前，供他选择。他非常清楚，只要自己签个名，年轻的生命走向立马就会改变，但刘国鋕还是毫不犹豫地说：“不行，我死了，有共产党，我等于没有死；如果出卖组织，我活着也没有什么意义。”

刘家的第一次营救就这么失败了。

1949年3月，刘国鋕的家人再一次为他奔忙。这次，刘国錤给徐远举送去了一张空白支票！表示：你们要多少钱自己填，我们刘家只有一个要求，降低条件放人。

当时，徐远举提出必须让刘国鋕写悔过书。刘国錤考虑到弟弟的倔强性格根本不可能写，便向徐远举提出：能不能代写悔过书，让国鋕签字，徐远举同意了。这样，刘国鋕第二次被带到特务办公室。

看到五哥焦急伤心的样子和桌上那份悔过书，刘国鋕心中十分难受。但他怎能用短短的语言让这个埋头做生意的哥哥一下子明白许多道理呢？他毅然起身说道："五哥，我理解你和家里人对我的思念。我有我的信念、意志和决心，这是谁也动摇不了的！我自愿为共产党牺牲自己，你们不要再管我，也不要再来了！"

面对哥哥死死的哀求，刘国鋕仍然十分坚定地表示：要释放只能是无条件的。这样，第二次营救也告失败。

如果与家人不惜血本的奔波营救和苦苦哀求相比，刘国鋕的坚守是那样的无情。

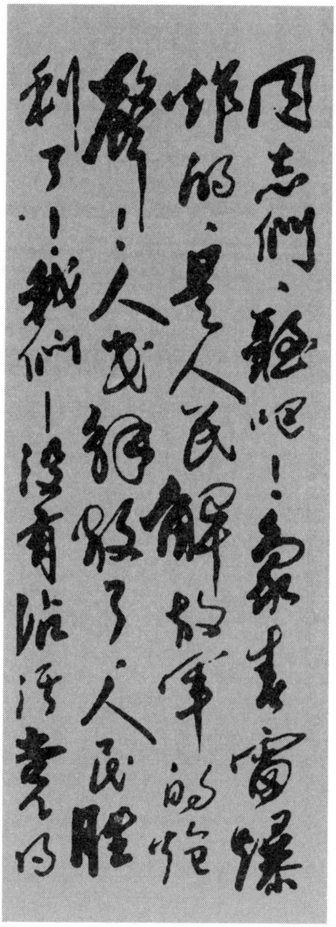

刘国鋕的就义诗

1949年11月27日在走向刑场途中，刘国鋕从容不迫，高声吟诵了自己的就义诗"同志们，听吧，像春雷爆炸的，是人民解放军的炮声。人民解放了，人民胜利了！我们没有玷污党的荣誉，我们死而无愧！"

"我们没有玷污党的荣誉，我们死而无愧！"这是一个年仅28岁的共产党员在生命最后一刻，向人民、向组织、向祖国发出的最后呐喊！

（办公室机要文档科科长　龚月华）

自由与信仰

——罗广斌

《红岩》，是以关押在白公馆、渣滓洞的革命烈士们狱中斗争真实事迹为蓝本创作的一部长篇小说，许云峰、江姐、成岗等一大批革命志士的英雄形象，被广大读者所熟悉。在狱中，他们坚贞不屈、临危不惧，绝不透露党的半点机密。他们的身上，体现着一种信仰的力量！作为亲历者、见证者，小说《红岩》的作者之一罗广斌就是这样一个典型人物。

1924年，罗广斌出身在四川成都一个封建地主家庭。优越的家庭环境，使他从小受到了优良的中华传统文化的教育，对历史上的岳飞、文天祥等民族英雄十分敬仰，立志效法他们报国救民的英雄壮举。

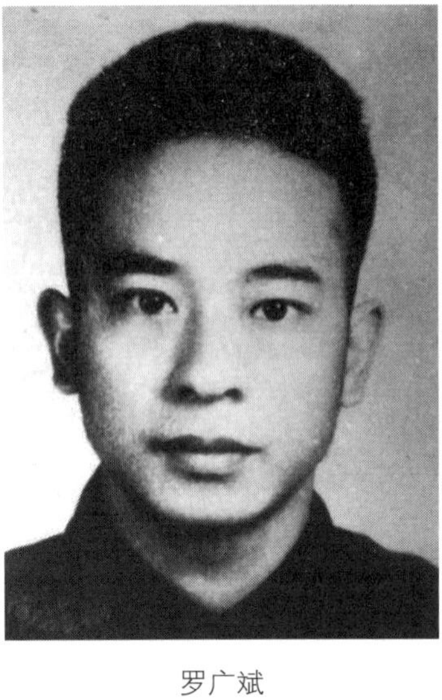

罗广斌

1939年2月，为躲避日机轰炸，罗广斌随父母从成都迁到洪雅县，与一个家道中落的商人女儿牟爱莲相爱了。他们的恋爱遭到了家庭的强烈反对，认为是“门不当、户不对”，甚至将老师请回家来单独授课，不准他随便外出！这些严酷的家法，使他深深感觉到这个封建家庭对他的压迫和专制。从1940年到1943年，罗广斌认为自己过了

“三年囚禁般的生活”。

1944年，他脱离家庭进入昆明西南联大读书，在这里，他遇到了同乡马识途（西南联大地下党组织负责人），开始一边学习一边参加地下党组织的进步青年组织活动，系统地接受党的教育。

由于过多抛头露面，罗广斌暴露了！特务开始对他实行了监视和跟踪，组织要求他立即转移，罗广斌随后到了云南建水县健民中学教书以作掩护。

1947年，根据党组织的安排，罗广斌考入重庆的一所地方高校，继续从事学运活动。

经过地下党几年的教育和培养以及实际斗争的锻炼，1948年3月1日，由江竹筠、刘国鋕介绍，罗广斌正式加入了中国共产党。

1948年4月，重庆地下党机关报《挺进报》被国民党特务破坏，地下党中也出现了叛徒。罗广斌也按要求转移到秀山。

1948年7月，地下党决定让罗广斌回到成都，与家庭恢复关系，利用自己的特殊身份去做上层统战工作。

1948年9月，由于叛徒冉益智的出卖，正当罗广斌在秘密筹划如何开展工作的时候，却在家中突然被捕。

在渣滓洞监狱，徐远举和法官张界，轮流对罗广斌进行突击审讯，妄图从他嘴里得到川康特委负责人马识途的地址。面对拒不招供的罗广斌，徐远举让叛徒也就是批准罗广斌入党的冉益智对他进行“现身说法”。面对冉益智，罗广斌怒不可遏的说：“我什么也不会告诉你，送我回监狱！”说完话，罗广斌大步走出了审讯室。

由于罗广斌的哥哥是国民党第十五兵团司令罗广文，碍于这点，特务不敢拷打罗广斌，后来徐远举又将罗广斌转囚到白公馆监狱，要罗广斌好好反省，只要写出“悔过书”，就放他出狱。

罗广斌面对人生的抉择没有犹豫，他非常清楚，写一张“悔过书”太容易了，但那就意味着投降，意味着背叛自己终其一生孜孜以求的信仰！他告诉特务：“无过可悔，要释放不能附加任何条件。”

1949年7月，面对当时全国的局势变化，特务感到罗广斌在手上是一个包袱，万一有差错今后不好向罗广文交代，于是将罗广斌的父亲请到办公室，想用家庭的力量对罗广斌进行悔过自新的劝降。罗广斌与父亲激烈争吵一番后，大声叫道："送我回白公馆。"然后昂然挺胸，走出特务的办公室。

很多人都在电影《烈火中永生》和歌剧《江姐》中看到过江姐等女难友绣红旗的动人情景，其实，真正绣红旗的却是罗广斌和他的室友。

新中国成立的消息传到白公馆后，难友们为之激动，为之兴奋！罗广斌眼见这热烈的情景，忽然一个念头闪现，他动情地对大家说："同志们！我们也应该做一面五星红旗，去迎接重庆的解放！"

罗广斌把自己的一床红色被面取下，难友们用草纸撕成了五颗红星，把一颗大星贴在中间，四颗小星贴在四个角上，代表四万万中国人民紧紧围绕在党的周围。最后，罗广斌还代表大家创作了一首诗《我们也有一面五星红旗》。

可惜，这面红旗未能打将出去。红旗制作好后，他们把它藏在牢房的地板下。解放后，在清理烈士遇难现场时，罗广斌回到牢房，从牢房地板下取出这面红旗。

1949年11月27日，保密局下令对关押在白公馆、渣滓洞的革命者实行屠杀，当进行到晚上8点左右时，为加速执行屠杀计划，国民党保密局要求白公馆所有枪手集中到渣滓洞，先行解决关押在渣滓洞监狱尚有的100多名政治犯，白公馆监狱当时只剩下罗广斌等19人，只留下看守杨钦典负责。罗广斌敏锐的察觉到白公馆监狱的这种突然变化，他成功策反看守杨钦典，带领剩下的19人虎口脱险、死里逃生。

越狱成功的罗广斌，无法忘记战友们在狱中关于对地下党斗争经验教训的总结讨论，更忘不了刘国定、冉益智叛变革命给党的

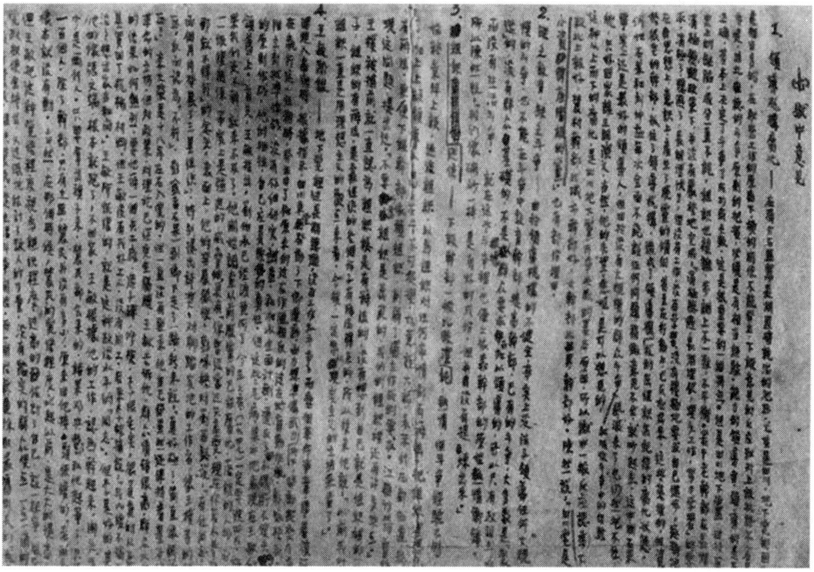

烈士狱中意见

事业、同志的生命造成的巨大损失！他拿起笔，把那些死者在狱中斗争的情况和殉难者对党的希望与嘱托写成了一份《关于重庆组织破坏经过和狱中情形的报告》，在1949年12月25日交给了西南军政委员会的组织部，随后又与杨益言同志一起，数易其稿，历时数年，最终完成了《红岩》这部长篇小说。

解放后，罗广斌先在重庆市工青团工作，后在文联工作。他一生最大的心愿就是要为烈士立传，让他们的事迹广为传播。在他短暂的一生中，党组织的教育培养，使他有了坚定的革命意志和共产主义信仰，这是他和一切革命志士战胜自己、超越自己的无穷力量。也正是他把这种信仰贯注在《红岩》的字里行间，才让我们看到了一幅幅共产党人和革命志士忠贞不渝的英雄画卷！

（办公室机要文档科科长　龚月华）

马寅初

这两件保存完好的大红寿联和寿幛，记录了南方局周恩来、董必武和邓颖超及《新华日报》馆为马寅初祝寿的历史佳话。提起马寅初，人们很容易把他的《新人口论》联系起来，马寅初是国际驰名的经济学家、教育学家、人口学家。1882年6月24日（农历五月初九），马寅初出生在浙江绍兴嵊县（今嵊州市），既姓马，又是马年、马月、马日、马时出生，乡间盛传:“五马”齐全，必定非凡！1915年以耶鲁大学经济学硕士学位和哥伦比亚大学经济学博士学位的身份学成归国后，开始在学术界与政界崭露风采，曾任北大第一任教务长，并曾任南京政府立法委员等职务。

他为人刚直不阿，特别是在民族危亡的紧要关头，面对当局利用时局混乱，横征暴敛，巧取豪夺，大发国难财，马寅初拍案而起，写文章，做演讲，揭露当局贪污腐败，抨击战时经济，呼吁征收国难财者的财产税。抗日中，他在担任重庆大学商学院院长时，发表文章和讲演，公开点名，猛烈抨击官僚资本，大声疾呼，要求立即没收宋子文、孔祥熙和其他官僚的财产，以充抗日军饷。马寅初的呼声得到社会各界的强烈共鸣，因而深受蒋介石的忌恨，1940年12月，蒋介石下令逮捕了马寅初，关在息烽集中营。在1941年马寅初六十大寿之时，为了声援狱中的马老先生，并向国民党当局抗议，南方局领导重大师生及山城人民冲破重重阻力，举行了“遥祝马寅初先生六十寿辰大会”。周恩来、董必武、邓颖超联名赠送的大红寿联“桃李增华坐帐无鹤，琴书作伴支床有龟”上联的“‘桃李’典于‘桃之夭夭，其华灼灼’，意思是马寅初培育了一些学生。鹤、龟都意长寿之物。上联是说学生和客人来祝寿，却没有马寅初本人；下联的意思是那个人哪里去了呢？对牛弹琴去了，别人逼他写悔过书去了！特别是下联的这个‘龟’字用得妙不可言，一语双关，它还寓指总有‘归’来的时候！后来马寅初还曾向子女们解释这副对联：‘你们看，共产党并非国民党报纸骂的都是‘钻山洞的土匪’，从这副寿联的文化就可见一斑啊……”经不住各界压力，蒋介石不得不改用软禁的方式，将马寅初限制在重庆歌乐山上，并且在经济上、政治上对他进行各种限制和迫害。

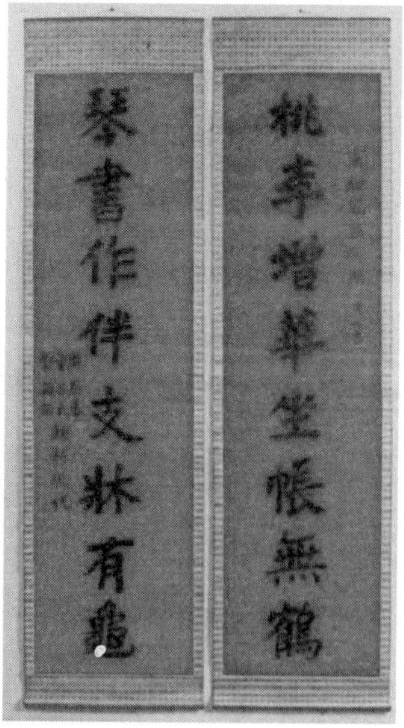

中共领导人周恩来、邓颖超等赠送的寿幛

规定“三不准”：不准任公职、不准任何大学聘用、不准发表文章和演讲，使他毫无收入，周恩来得知后，就派《新华日报》采访马老，并取回他的文章在《新华日报》上发表，然后给予最高的报酬，用这种特殊的方式接济马寅初，令马寅初非常感动，从此，马寅初与共产党的关系日益亲密，成为了中共的一位诤友。解放后，周恩来在自己得癌症的情况下，还在关心马老的身体，所以马寅初说，“周恩来是最得人心的共产党员。”

1976年，总理去世，马寅初已94岁了，下肢瘫痪，不能行走，他极度悲痛，提出要去向总理告别。家人怕他经受不住，多方劝阻，但他固执地说：“我一定要去，死了也要去。”于是他坐在轮椅上，向他心中“最得人心的共产党员”作了最后的告别。

1月8日，周恩来总理逝世的噩耗传来，马寅初得知这一消息，

马寅初软禁在重庆歌乐山

连续数日沉默不语，只大声地说了一句："要去！一定要去！死也得去！"第二天，由于患直肠癌后做了手术，使得他大小便失禁，怕进食进水以后要排泄，不方便。于是一早起来，饭不吃，水未进，就在家人的陪同下来到吊唁大厅。他坐着轮椅里在家人的陪同下来到北京医院，站在总理遗体前。他做出要鞠躬的示意，让儿子就在他的后背往前推，他努力往前欠了欠身，缓慢地抬起了头，坐在轮椅上的马寅初早已老泪纵横，默默地向周恩来遗体鞠躬行礼。随着吊唁的人群绕遗体一圈马老后仍然不肯离去，工作人员只能让马老再绕一圈。当家人推着他走出吊唁大厅时，马寅初又再一次要求子女扶着他回来，深情地向周总理的遗体鞠了三个躬，注目良久不舍离去。此时此刻，马老回忆了与总理见面时的所有情景，或许他只有选择这样的方式才能表达自己毕生对总理的怀念与感激之情。

（讲解员　张闻一）

宁亏自己　不亏组织

——许涤新

1939年9月,《新华日报》的许涤新与南方局工作的女青年方卓芬恋爱结婚了。这是《新华日报》在重庆成立后的第一对新人,南方局和《新华日报》的同志都十分重视,纷纷向许涤新和方卓芬道喜。董必武语重心长的对一对新人说:“你们是同志加夫妇,要相亲相爱啊!”一年后,他们爱情的结晶诞生了,一个名叫许嘉陵的小男孩在大家的祝福声中来到人世。

随着孩子的到来,许涤新的工作也繁忙了起来。1940年冬许涤新从《新华日报》调到南方局宣传部当秘书,负责党报和党刊的编委和撰校工作,同时审查《新华日报》的社论版,把初步意见向周恩来和董必武汇报,再送回报馆送国民党报刊审查委员会审查。国民党扣留的社论,就只好再写再送审查。国民党有时乱改或者一夜之间连续扣留几篇,许涤新和战友们就索性在第一版社论的位置上让它空白,叫做“开天窗”,以示抗议。越是黑暗的地方越是需要一盏明灯,而《新华日报》不断提出结束　党专政、成立联合政府,使人民得到言论、出版、集会、结社以及游行示威等自由的社论和专论,好比一

许涤新和方卓芬

盏明灯照亮了黑暗的国统区。

1940年12月，以周恩来为书记的中共南方局在局统战委员会设立经济组，任许涤新为组长。根据周恩来的指示，经济组的任务是宣传党的财政政策，特别是陕甘宁边区和敌后抗日根据地的新民主主义财经政策；搜集国民党统治区财经资料，并开展工商界的统一战线工作。许涤新带领经济组以及潜伏在国民党经济部门的地下党员，按照周恩来的指示，“勤业、勤学、勤交友”，积极开展工作，对我党全面了解国统区的经济状况，加强解放区根据地建设提供了难得的经济数据和材料，受到南方局的充分肯定。1942年春，周恩来专门向中央报告，称赞许涤新领导的经济组的工作成绩“为以前所不及”。

然而不幸的是，由于工作过度劳累，许涤新因在国民党苏州陆军监狱所患的肺结核病又犯了。在当时治疗结核病没有特效药，病中的许涤新躺在床上，生活不能自理，家庭一切重担都压在方卓芬身上。小嘉陵在几个月大时嘴里老是发出呜呜的响声，于是给他取了个可爱的名字——“小火车”，祝愿他能像火车一样奔跑。然而事与愿违，“小火车”在一岁大的时候不幸患上了脊椎炎和骨结核。但是，由于许涤新工作繁忙，“小火车”的病没有得到及时的治疗，他不能像别的小朋友一样奔跑、欢笑，而是穿着笨重的石膏背心，度过了他特殊的童年。

方卓芬与许嘉陵

周恩来和董必武见许涤新病成这个样子，命令他停止所有工作，到重庆郊区找个安静

红岩革命纪念馆的同志在京采访方卓芬

的地方休养。在这期间，他先后撰写出版了《中国经济的道路》、《现代中国经济教程》和《官僚资本论》等书，这些著作在中国历史发展的重要转变关头，在全国尤其是在国民党统治区，起到了启蒙作用。

1946年秋天，涤新夫妇被派去香港开展宣传和统战工作。然而许嘉陵病情却更加的恶化，在一家私人诊所照了X光片，腰椎旁边一道白色的脓管和烂了三四节的脊椎骨赫然在目，必须住院动手术，否则后果不堪设想。而昂贵的手术费，是许涤新微薄的薪酬是不足以支付的。而当时的许涤新正在负责香港工作委员会财政工作，掌管着巨额的经费。有人建议从公家经费中借出一笔钱，为孩子治病。许涤新夫妇却坚持不肯，他们说："个人用公家的经费是万万不能的，宁亏自己，不亏组织。"最后在数位朋友的支援下，凑得400元港币，为许嘉陵交了手术费，但却让许嘉陵失去了最佳的治疗机会落下终身残疾。而这件事也给许涤新夫妇的心灵上留下永久的伤痛。红岩革命纪念馆的同志1994年、2001年两次在京采访方卓芬时，说及这段往事，老人依然忍不住泪流满面。

2001年已60岁的许嘉陵仍坐在轮椅上，回忆着过去的点点滴滴感慨道："由于父母亲在革命战争年代严于律己，不肯从他们所掌握的百万公家经费中挪出一点点来医治我的病，造成了我的终身残疾，这也是我对革命的奉献！"

（技术部编辑科副科长　钟意）

王 辉

这是一位92岁高龄的老人，她的经历并不复杂，解放前后一直都工作在经济战线。在红岩的历史中并没有多少人知道她的名字和经历，甚至在红岩的展览中都没有出现过她的名字和相关的资料，而这位老人在红岩却被称为“掌握周恩来活动经费的人”，她的名字叫王辉，在红岩的历史中她永远留有一段故事。

1940年，王辉受党组织派遣，从桂林八路军办事处调到重庆八路军办事处，负责掌管中共中央南方局的秘密经费。

周恩来和南方局的领导经常把一笔一笔的钱交给王辉保管，解放后在一次采访中，她回忆说：“我在南方局负责特别会计工作，掌握着一些地下党活动经费的重要机密，在周副主席的严密布置下，我把不得不保留的机密都写在很薄的纸条上，一旦有情况，手中的机密材料只需一根火柴就可以立即化为灰烬。”

王辉

在南方局掌管秘密经费期间，周恩来同志经常对王辉说：“这些钱都是外来的捐款，是我们党的活动经费。都是不少爱国同胞、华侨和外国朋友给我们的支援。你每笔账目都要仔细登记清楚，但是一点情况都不能透露出去。这些钱来之不易，要绝对保密，如果暴露出去，不但我们党的工作会受到极大的损失，那些捐款人和组织也会受到国民党的追查和政治迫害，甚至还会出现生命危险！”

在保管和开支这些经费的过程中，王辉严于律己、一尘不染，她牢记周恩来同志对秘密工作人员提出的要求：同流而不合污，出污泥而不染！

1944年，党组织为了照顾王辉与她在延安的家人团聚，决定调她去延安工作。终于可以去延安和丈夫、孩子在一起了！她高兴、她兴奋、她真想一下飞到延安去！

王辉迅速地与接替的同志办了交接，回到了她日思夜想的延安！与家人朝夕相处，王辉感到温暖和幸福！天天和丈夫孩子在一起，她感到甜蜜和高兴！尽管学习工作的压力太大、尽管生活的条件不如重庆，但毕竟是与家人在一起了！

可是，没过多久，一个难以置信的消息把王辉的一切高兴，兴奋冲刷得荡然无存！重庆方面来消息，王辉交接的账目差一万元钱！这真是晴天霹雳，怎么会出现这样的事情！尽管这是一个难以接受的现实，但是她还是仔细回忆每一个交接的细节，实在找不到有任何失误的过程！她向组织保证，自己绝对没有挪动过一分钱！她直接向周恩来同志报告了交接过程的每一个动作，甚至是每一笔钱的具体数目！

周恩来同志出于多年来对王辉的了解和工作上的关系，没有直接的批评和责怪王辉，但是周恩来对她说：“忙中有错，有时是难免的，但要好好接受教训。”

一万元法币的差错，对王辉形成了极大的精神压力！一万元法币，对王辉造成了重大的心理负担！出于保密工作的要求，王辉不可能向她的任何一个朋友倾诉，以得到一些同情！王辉更不可能向家人提及，以获得一些安慰！她向党组织表示：不管怎样，宁亏自己、不损组织！无论如何一定想办法把钱如数还给党组织。

为了能够尽快的筹款还钱，王辉将重庆带回的一些生活物品和衣物全部变卖、家中能够变钱的物品也被一一卖掉，她不断地给家人写信，希望给自己多多的寄钱！她甚至利用休息的时间，抓住一切可以挣钱的机会去干苦力活！

为了节省每一分钱，她甚至让孩子每天只吃两顿饭，有时候孩子饿得哇哇大哭，王辉只能含着眼泪，哄孩子快快睡觉！

她的丈夫和孩子，不知道妻子和妈妈这是为了什么？她的丈夫几次问她原因，王辉都欲言又止。为了能够尽快的凑足这笔钱，他们每一个人都在努力的帮助她挣钱！

为了还钱，王辉消瘦了，也憔悴了！

为了还钱，他们家里已经一贫如洗！

为了还钱，他们一家经常断炊少粮！

王辉就这样咬紧牙关，死死地硬撑着！终于，她凑齐了这一万元钱，如数的交给了组织！那天，她如释重负、安稳地躺在床上，足足的睡了一个踏实觉！

一天，王辉突然接到组织的通知，要她马上到周恩来的办公室去。王辉没有多想，一路小跑地赶去。当她敲门的时候，听到了自己熟悉的声音说："进来！"在她推门进去的时候，看到周恩来微笑着，起身朝她走过去，可是周恩来脸上的微笑却在他移动的步伐中慢慢地消失，周恩来站在王辉的面前，吃惊、关切地问道："王辉，你怎么了？怎么脸色这么难看，怎么变得这么消瘦，憔悴？你……是不是家里出了什么事？"

王辉的泪水在她的眼眶里面打转，许久，她哽咽着说："我已经向组织交了一万元钱，损失全部弥补了。"

周恩来立即对王辉说："我今天找你来，就是要说这件事情……"

王辉接过话说："我已做好了思想准备，不管什么处分，我都会接受！我知道秘密工作的纪律。"

周恩来立即上前拉住王辉的手说道："不、不！我找你来，就是要告诉你，差钱的事，你受委屈了，责任不在你，你没有差错！"

吃惊的王辉不敢相信自己的耳朵，她瞪大了眼睛，怔怔地看着周恩来问道："什么？真相搞清楚了？不是我的错？"

周恩来微笑着对王辉说道："是的，真相搞清楚了！差那一万块钱完全与你无关，结果是捐款者少交了一万元！当时，因为你交款时没有拆包，你只是根据钱包上面写的数目交接的，并没有打开来清点！后来捐款者自己发现少装了一万元，就把少交的一万元给补交上了！王辉呀，你没有差错，责任不在你！"

听到这里，王辉的眼泪夺眶而出，不禁哇的一声大哭了起来！她数月来的痛苦、伤心、委屈、难过一下子全被泪水带了出来……

周恩来同志紧紧握住王辉的手说："你受了很大的委屈，也承担了巨大的压力，我知道，组织也知道，你是一个好同志，宁亏自己、不损组织！好同志，好同志！"

随后，周恩来从办公桌上拿起一个信封交到王辉的手上说："这里面是一万元钱，现在还给你，你拿去赶快买些生活用品和营养品，你需要，你的孩子、丈夫他们也需要，你们受苦啦！"

激动不已的王辉，满脸挂着眼泪，看着装有一万元钱的信封、看着周恩来同志对自己充满信任的眼光，深情地说："我不要，我不要，这一万元钱，就当作是我交给组织的党费吧，组织比我更需要它……因为我是党的人！"

红岩风范不是一个简单的形容词、红岩作风不是一个随意的概念，它是红岩党员言谈举止、行为规范点点滴滴的精神概括！

"宁亏自己，不损组织。"正是红岩党员坚强党性的一种体现、也是红岩党员优良作风的印证！它更是我们今天廉政建设不可不极力弘扬、复制、传播的一种精神！这种精神是一种巨大的人文力量。让我们每一个生活在红岩这块热土上的党员，在任何时候面对党旗，都可以坦坦荡荡书写："中国共产党员"这个光荣的名字。

（办公室机要文档科科长　龚月华）

浓浓故乡情　拳拳游子心

——张克辉

一部《云水谣》、《台湾往事》感动了无数观众，纯纯的爱情、浓浓的亲情让人动容，大家记住了电影，记住了演员，却很少有人知道这两部电影的作者——原台湾民主自治同盟主席张克辉。电影《台湾往事》中的故事更是根据张克辉自己的经历所写就，也因以情感人获得中国电影华表奖优秀故事片奖。

“当年辞别故里，奔赴大陆的热血青年，如今已是白发苍苍、步履蹒跚的老者。两岸分离日久，家国团圆，故乡富饶，社会和谐，同胞们安康幸福，这是贯穿了我一生的梦想！”这是张克辉在自己新书中所做的序，从中我们能看出他的故乡情，以及千千万万所有台湾人的心声。

张克辉

张克辉，1928年出生于台湾彰化，20岁那年由台湾到厦门大学读书，1949年国民党退守台湾，他便留在福建，从基层工作开始，历任要职，最后从全国政协副主席职位上退休。退休之后，张克辉开始著书写作。在张克辉离开台湾家乡的时候，正是台湾局势动荡的年代，有些人背井离乡去了美国、去了日本、去了中国大陆。虽然每个人去向及目的各不相同，但都怀揣着一颗爱乡之心。身为在大陆的老一辈台湾本土人，张克辉年逾八旬的人生经历，可以说是海峡两岸历史沧桑的珍贵缩影。离开台湾后，张克辉六十多年与家人，与故乡隔海相望，这种乡愁，从他的作品中便能看出。

《台湾往事》中，主人公从日据时期开始回忆，一家人本是其乐融融，可是，在日本的统治下，作为医生的父亲因遭迫害郁郁而终，母亲一人支撑起了一家，含辛茹苦抚养姊妹三人长大。当台湾光复时，主人公离开家乡到大陆读书，从此与母亲隔江而望。后来，主人公在朋友的帮助下决定在日本与母亲见上一面，此时的母亲已是重病在床，可是，为了能见到几十年不见的儿子，母亲毅然决定前往日本，在这个陌生的地方完成自己的夙愿。临行前，主人公接到妹妹的电话，说母亲仔细回想着他爱吃的东西，可能需要的物品，准备着自己的行李。想象着年迈的母亲忙碌的身影，主人公泪眼滂沱，是自己不孝，才让生己养己的母亲牵肠挂肚。电话的这头，主人公告诉妹妹，自己不缺什么，不用特别准备，只是特别想念小时候妈妈亲手包下的粽子，带着妈妈味道的粽子。日本之行是愉快、温暖的，妈妈和妹妹包粽子的场景定格在主人公的心中。可是，日本之行又是这样的紧迫，还没好好地尽上孝道，却到了归期。影片的最后，母亲不忍目睹儿子远行，只留下了自己孤单落寞的背影给儿子，时间在此定格，让人唏嘘不已。

作品中主人公的故事根据张克辉的经历所编写，作品中对故乡、对阿姆的思念浓郁而感人，这也是包括了张克辉在内的无数在大陆的台湾本土人的心声。他们对故乡怀着浓浓的眷恋，却无法回到故乡与自己的亲人团聚，共享天伦之乐，他们把对故乡、对祖国的热爱更多的化作自己工作的动力，改善两岸之间的关系。通过台盟人的努力，两岸在经济、医学、文化等各领域都得到了更大的合作，两岸关系也更加稳定，而这，就是张克辉在内的所有台盟人的希望。

2001年4月台湾财团法人、"九·二一"震灾重建基金会董事、律师许文彬率"台湾人士参加清明公祭轩辕黄帝典礼访问团"来大陆时作并赠全国政协副主席张克辉一首诗:"今春一别后，重逢已深秋;明月来相照，年华似水流。乡音犹未改，容貌尚依旧;此夕京城会，何时宝岛游?"张克辉阅后，说:"写得很好，不过我要改两个字。'宝岛'改为'故乡'，因为'宝岛'这个词是对一般大陆人说的，可是对我而言，应该说'故乡'才对，因为台湾是我的故乡啊!"对于张克辉，台湾是自己最思念的地方，也有着细腻的故乡情怀。

(讲解员　张艳君)

陈其尤

在贵州息烽监狱曾经关押了一位爱国民主人士、中国致公党领导人——陈其尤。他的一生跌宕起伏，因为爱国而抛家弃子参加辛亥革命；因为爱国而获罪于蒋介石，锒铛入狱，却因牢狱之苦，彻底认清了国民党的腐败，从而走向了新民主主义革命的道路。

抗战爆发后，此时的香港正是抗战时期国民政府对外采购军火的一个重要场所和通道，而负责国民政府采购军火的人，是持蒋介石亲笔手谕的财政部长孔祥熙的大少爷孔令侃。就在这国难当头之际，孔令侃手上握着包括海外侨胞在内的广大同胞的血汗钱，在香港打着蒋介石的招牌，疯狂的从一笔笔军火生意中获取大量回扣，大发国难财，其行径令人发指。当时身为致公党中央干事会主要负责人之一的陈其尤，实在忍无可忍。中国致公党自成立以来，号召海内外的华侨支持革命，共同抗战，争取更多抗战物资和经费。看到此种情景，他忍无可忍出于对国人负责和对海外广大爱国侨胞的交代，陈其尤向蒋介石政府揭发了

陈其尤（1892—1970），别名定思、丽江，广东海丰县东笏社人。我国著名爱国民主人士、中国致公党领导人之一。

孔令侃的种种罪行，要求国民政府严惩不贷。但是，陈其尤没有想到，他的这一揭发非但未使孔令侃被绳之以法，却因触及蒋家内幕而触怒并获罪于蒋介石。1938年末，蒋介石借口要陈其尤到武汉向他汇报，可是飞赴武汉的陈其尤一下飞机，便立即被戴笠的军统特务秘密逮捕，锒铛入狱——被囚于贵州息烽监狱。从蒋介石的座上宾，一夜之间沦为阶下囚，这一事件不仅使早年便以身许国、参加民主革命的陈其尤内心开始了深刻的反思，思想经历了极其痛苦的变化，也使陈其尤更加彻底的看清楚了国民党政府的腐败本质。

1941年，陈其尤从贵州息烽监狱被转移到重庆，改为软禁。此时的陈其尤，面对国家前途和民族命运，报国无门，深感苦闷和彷徨。就在他处在黑暗中不知方向时，偶然在林森路一个诊所的牌子上看到了黄鼎臣的名字，是又惊又喜，信步走进诊所，果然见到了儿时好友，时任《新华日报》社医药卫生顾问的黄鼎臣。劫后重逢，两人都是十分高兴。此后，陈其尤每周至少到黄鼎臣家两三次，谈天、吃饭。他们一起谈论时局，眼看着蒋介石国民党的腐败专制把国家民族带入灾难之中，极为愤慨。黄鼎臣通过许涤新等人的联系，按照中共南方局的指示，对陈其尤进行统战工作。《新华日报》社秘书长徐迈进等也经常前去与他进行推心置腹的交谈。他们不仅给陈其尤讲述中国共产党抗日民族统一战线方针和八路

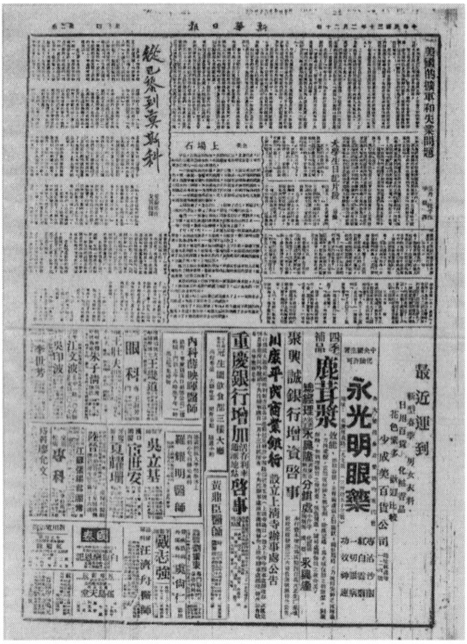
新華日報
最近運到
永光明眼藥
鹿茸漿
聚興誠銀行增資啓事
川康平民商業銀行
重慶銀行增加
眼科

《新华日报》上黄鼎臣的出诊行医广告

红岩村（中共中央南方局驻重庆办事处旧址）

军、新四军在敌后英勇抗击日寇的业绩，介绍其阅读《新华日报》和《群众》等宣传中国共产党方针、政策的进步报刊，还经常回答陈其尤提出的一些疑难问题。在此后的三年中，陈其尤还秘密与八路军驻渝办事处和中共南方局负责人进行了更深入的联系和交流。由此，苦于政治上找不到方向的陈其尤，开始对中共领导的新民主主义革命有了崭新的认识，感到在这关键时期，有必要立即恢复和重组致公党的组织。

特别是1944年抗战胜利初见曙光之际，中共南方局曾通过黄鼎臣向陈其尤建议："中国致公党是华侨爱国力量的一个基础组织，恢复致公党的活动，对海外华侨的爱国行动具有一定的影响。""致公党应尽快恢复起来并多做工作，以便为战后实现和平民主及复兴祖国的建设事业发挥更大的作用。"这些话促使历经沧桑的陈其尤对抗战胜利后的中国致公党应走一条什么样的路，以及如何改组和发展等重大问题，开始了认真的思考。1946年，陈其尤脱离了国民党的控制回到香港，积极展开活动，开始了恢复整顿中国致公党。同时陈其尤号召海外华侨积极抵制美军赖在中国，反对美军以武力支持中国独裁政府，这无疑对美蒋是个重大冲击，从而也恢复了中国致公党的组织工作。陈其尤带领着致公党走向了新民主主义革命，使之成为民主运动中一支重要力量。

（讲解员　张闻一）

章乃器

他是我国著名的经济学家、政治家、货币专家，他在刻苦钻研中创立了半殖民地中国的民族经济学理论；他是著名的爱国民主战士，曾被誉为“民主运动中的闯将”；他是曾因“爱国有罪”而入狱的“七君子”之一。他就是中华人民共和国的第一任粮食部长章乃器。他出生在浙江青田县，此地多产中国传统“四大名石”之一青田石，青田石不是玉，但胜似玉。“玉者，国之重器也。”有道是“一方水土养一方人”，在这块土地上就出了个这样的人，不仅具有坚如磐石的韧劲，而且他的一生如玉一样纯净、通透。在章乃器的一生中，坚韧刚强的性格显得是那样的闪耀。

章乃器（1897—1977），原名章埏，浙江青田人，我国著名的爱国民主人士。

在抗战时期的重庆，蒋介石下令自己的心腹大臣陈诚说服章乃器为自己掌管战时财政。因为陈诚和章乃器是同乡好友，不想章乃器严辞拒绝，说道：“我们都是青田人，是出产石头的地方，应该有一股石头般的坚强性格。嗟来之食，我是绝不会去吃的！人不可以有傲气，但不可以无傲骨！国民党已经变得这样腐败，国民政府这样肆无忌惮地清除异己，祸害忠良，不遗余力地打击和排斥真正抗日的爱国者，还想让我出来给他经管财政吗？”章乃器这种坚持原则的石头性格注定了陈诚的说服是失败的。不仅如此，章乃器还积极参加各种反蒋活动，并且身为中国民主建国会（简称民建）的创始人之一。

1948年毛泽东发出的诚挚邀请，希望他北上参加新政协，建设新中国。章乃器毅然决定放弃香港舒适的生活，去实现他建设新中国的梦想。通过中共中央南方局的帮助，章乃器与其他各民主党派领导人及爱国民主人士于1948年12月26日在香港乘坐“阿尔丹”号轮船，踏上了“回家”的旅途。当他来到东北解放区时被眼前一片祥和的景象所震惊，他第一次看到不再是哀鸿遍野，民不聊生，而是丰衣足食、国泰民安。回想当年，国民党曾经花了三年都没有完成的水利建设的工作，如今的人民政府只用了三天就把问题解决了。这可是实实在在的帮人民做事，这才是人民的政府啊！章乃器掏出笔记本记下了两句话：“国民党的破坏力量和共产党的建设力量，在这里有一个鲜明的对照。”“人民的力量真是不可抵抗的。”

正当他满怀诗情地走在东北大地上时，广播里传来一段优美的歌声：“没有共产党，就没有中国。”这首歌写出了人们的心里话，而且旋律朗朗上口。于是，他不由得学唱起来，但是，越唱越觉得哪里不对劲，这首歌到底是哪出了问题呢？原来问题就出在主语概念的不确定性。章乃器点睛之笔的提出应该在“中国”两字前面加上一个“新”字，表示这两种政权之下不同的两种社会状态，现在的社会是一种从“旧”到“新”的伟大变革浪潮。不愧是文人出身的经济学家，既有文人墨客的感性，又有经济逻辑的理性。后来和毛主席见面之后，他说出了自己的感悟，毛主席很赞成他的想法，说我们已经通知作者，让他做些修改，从此之后，这首歌就叫做“没有共产党，就没有新中国”！他在北上参加新政协会议期间，在沈阳的欢迎大会上应邀讲话时说道：“我过去多年为资本家打算盘，今后要全心全意为人民打算盘。”建国之后章乃器被邀请到中央人民银行任顾问一职，为中国的经济建设发挥了巨大的作用和贡献，而且还担任了新中国的第一任粮食部部长。

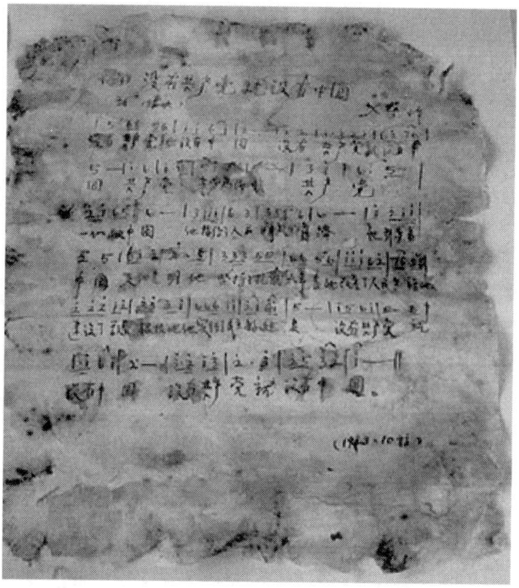

《没有共产党，就没有中国》歌曲手写原稿

章乃器一生对于国家民族的贡献与功绩，在人民心目中留下了光辉的形象。他作为中国现代史上一位著名的经济学家、银行家和企业家，成为民族工业的开拓者之一；他为新民主主义革命的胜利，参与创建中国民主建国会，与中国共产党真诚合作，风雨同舟，肝胆相照，从不计较个人的得失与安危，建国后为新中国的建设事业鞠躬尽瘁，无怨无悔。他的一生是用对国家民族的爱、对中国共产党的忠诚书写出来的，是用只知道奉献不要索取的献身精神书写出来的。他的精神犹如一颗青田石一样：不是玉，但胜似玉！

（讲解员　张闻一）

三次被开除党籍的国民党元老

——李济深

在中国近现代史上，有这样一位经历与身份很特殊的人物，他是国民党的元老，曾追随孙中山参加革命，并积极支持孙中山创建黄埔军校，任军校教练部主任、副校长；他还是北伐国民革命军中著名的“铁四军”军长，国民革命军总参谋长，兼广州政治分会主席。他就是我国历史上杰出的军事家、政治家和爱国民主人士——李济深。如此重要的一个人物，居然三次被蒋介石“永远开除党籍”，这究竟是怎么一回事呢？事情的起因还要从1929年说起。

时值“蒋桂战争”爆发之际，李济深为避免党内分裂，积极奔走于双方之间进行调停。但蒋介石却以李济深伙同李宗仁、白崇禧“分头发难，谋反党国”的罪名，将他软禁于南京汤山，剥夺军政大权，并“永远开除党籍”。关押期间，李济深对蒋介石的阴谋诡计非常愤怒，他认识到只有打破独裁政治，建立民主政治，中国才有希望，汤山被囚，成为李济深一生的最大转折点。

李济深

“九一八”事变爆发后，迫于各方舆论的压力，蒋介石释放李济深，恢复其国民党籍。1932年3月底，李济深就任军事委员会办公厅主任，5月底又被任命为豫鄂皖三省"剿匪"副总司令。自"九一八"以后，中日矛盾急剧加深，继之而来的"一·二八"事变、伪满洲国建立等，进一步激起了中国人民的抗日要求，"全民抗战"呼声渐起，而国民党政府奉行的"攘外必先安内"政策之下的对日寇的隐忍妥协，越来越受到各方面的指责，"反蒋"才能"抗日"，成为一个普遍的认识。李济深身为爱国军人，不但不能效命于抗日的战场，反而被蒋介石捆绑在内战的战车上，他忍无可忍，毅然辞职出走香港，加入"反蒋抗日"的运动中。

1933年11月18日，李济深联合陈铭枢、黄琪翔、蒋光鼐、蔡廷锴等人以第十九路军为基础，发动反蒋抗日的福建事变，成立了中华共和国人民革命政府。福建事变震动一时，但由于条件不成熟，两个多月后，1934年1月底就在蒋介石军事、政治的攻势下归于失败，李济深等人被迫再次出走香港，十九路军这支著名的抗日部队则遭到彻底肢解而消亡。在这次事变中，蒋介石第二次将李济深"永远"开除党籍。

抗日战争爆发后，蒋介石鉴于全国的抗日形势，再次恢复了李济深的党籍。1940年调李济深任军委会桂林办公厅主任，李济深在任职期间利用自己的人脉关系，保护了许多共产党员和民主人士，继续为坚持抗战和保护民主力量发挥作用。

抗战胜利后，李济深为促进国内和平民主四处奔走。1946年8月，李济深应蒋介石数次电邀上到庐山，他也想借这次机会，就国共关系及民主和平与国家前途的关系好好跟蒋介石长谈一番，对蒋介石作最后的规劝。然而，在庐山上待了数日，蒋介石只见了李济深两次，会面时间都很短，根本无法进行深谈。后来，李济深给蒋介石写了一封长达19页的信，劝蒋介石为国家民族着想，实行政协决议，不打内战。蒋介石看后很生气，还说："任潮（李济深的字）糊涂啊！"

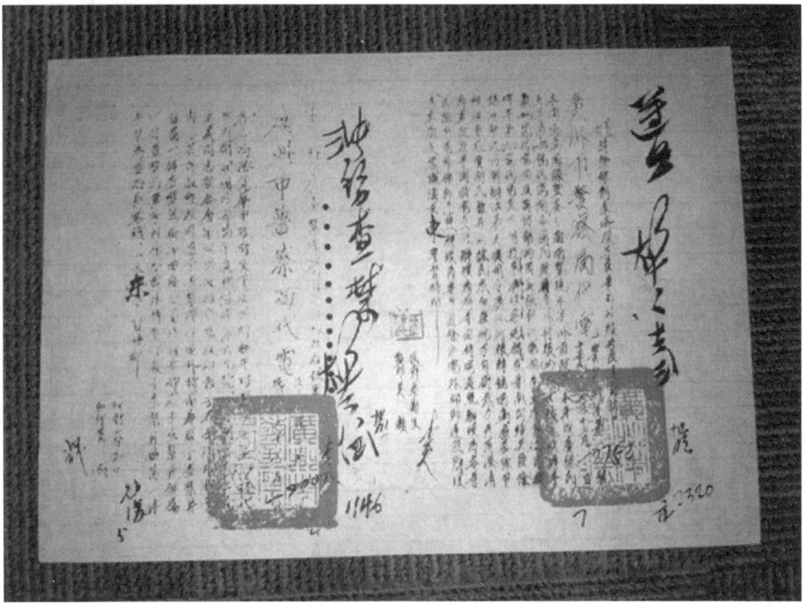

1947年5月，国民党中央以李济深“诋毁蒋主席及政府”的罪名，宣布开除李济深党籍，并电饬各地警察局查禁李济深提案，此为相关文档资料。

面对李济深一次次的规劝、谴责，蒋介石仍然无动无衷。李济深感到这样下去于事无补，他意识到，是公开举起反蒋大旗的时候了。离开庐山时，他已下定决心脱离蒋介石的势力范围，而这次庐山之行，则是他与蒋介石的永别，更是政治道路的决裂！

1947年2月，李济深秘密乘船于26日到达香港。3月9日，李济深在香港《华商报》发表了《对时局意见》，李济深的言行，使国民党当局恼羞成怒，便以“诋毁蒋主席及政府”的罪名，第三次将他永远开除国民党籍，并登报通缉。李济深也不是第一次被开除党籍了，对此，他淡然一笑，说：“我所需要的不是一块招牌，我需要的是真正的三民主义！”

（讲解员　熊嫣然）

七君子中的女君子

——史良

史良，1900年3月27日出生于江苏常州，她是中国著名法学家、政治家，中华人民共和国司法部首任部长。生前曾担任全国政协副主席、全国人大常委会副委员长、民盟中央主席，在她传奇的一生中，曾多次因爱国行动而被捕入狱，其中最传奇的一次牢狱之灾就是1936年任全国各界救国联合会常务委员时，因积极参加与领导抗日救亡运动被国民党政府逮捕入狱。连毛泽东都由衷的赞誉她为“女中豪杰”。

1936年11月23日，凌晨2点左右，一声声刺耳的喇叭声刺破了万籁俱寂的夜幕，一群凶神恶煞的巡捕和宪兵几乎在同一个时间拘捕了史良和沈钧儒、邹韬奋、李公朴、沙千里、章乃器、王造时七人，制造了震惊中外的“七君子”事件。事后，由于上海市公安局拿不出任何证据，只得宣布无罪释放。但国民政府怎肯如此轻易的放过史良等人。释放不到10个小时，上海市公安局以史良七人有共产党嫌疑，要求再次传唤他们。由于事前有人通风报信，史良得以成功躲过逮捕，但是遗憾的是，沈钧儒等六人在接到史良通知

史良

后，或因逃避不及，或自动投案，全被关进了江苏高等法院看守所羁押。当时有传言说上海市市长吴铁城准备把救国会的七位领导人全数逮捕后，实施紧急处理，为了不牵连已经被捕的沈钧儒等六人的生命安全，史良决定先不去自首，等时机成熟后再去投案。

1936年12月12日，杨虎城、张学良联合发动了“西安事变”，使得蒋介石被迫同意停止内战，联共抗日，及释放爱国领袖和一切政治犯。隐居中的史良得知这一情况后，意识到营救沈钧儒等人的时机已经成熟，12月30日这一天，史良化装成一位进香的贵妇人前往苏州主动投案。史良投案后，与60多个女犯人关押在一起，她在那里度过了7个月监狱生活。

1937年6月11日，法院以“共犯危害民国为目的而组织团体，并宣传与三民主义不相容之主义”为辞，罗织了10大罪状对史良等人提起了公诉。审讯开始后，审判长依次对沈钧儒、章乃器、王造时、李公朴、邹韬奋、沙千里进行了询问，轮到史良的时候已经是下午6点20分。审判长对史良板着脸问道：“全国各界救国联合会宣言和纲领是什么意思？”史良自豪而大声地回答道：“团结抗日！”史良的回答听得审判长内心一震，但他仍接着问道：“你赞成各党各派联合救国吗？”史良轻蔑地看了一眼坐在前方的审判官，从容地回答道：“凡是中国人，除汉奸卖国贼外，都应该联合起来一起抗日。”审判官在见到史良轻蔑的眼神时已有不满，再听到史良话语如此尖锐，心中更是气恼，于是眼珠一转，阴险地问道：“包括共产党吗？”史良听完便明白，这是想把自己给绕进去，好找罪名来定罪，她当然不能让其如愿，只见她说道：“救国会的意思任何党派都联合，不管它是国民党也好，共产党也好，不分党派，不分阶级，不分男女，分的只是抗日不抗日。”审判官虽然早已听说史良作为律师在法律界的大名，但没想到会是这样的难以对付，从她的回答中根本挑不出任何问题，但他还是不死心地问道：“你们救国会建立统一的抗敌政权是不是指另立政府？”史良毫不退让地说道：

“政府与政权是有分别的，政府是国家机构，政权是这个机构发挥的力量。譬如五权宪法的五权也就是政权，并不能说要五个政府！我们主张的是扩大政权，始终未想到改组政府。”听完史良的回答，审判长知道今天自己在口舌上是占不到什么便宜的，便气急败坏地吼道：“你们主张联合各党各派，这不是共产党提出的口号吗？”看到审判长恼羞成怒，史良觉得他既可怜又可笑，就义正辞严地再次重申：“救国会主张不分党派，不分阶级，不分男女，一致抗日救国，是由于全国大众的要求，不是跟着共产党喊的口号。”审讯的法庭成了史良宣传抗日的讲台，她以熟悉法律条文和出色的雄辩让审判官无言以对，审判官只能像只斗败的公鸡一样无奈地宣布退庭，史良在法庭上的出色表现引起了满堂喝彩。“七君子”的团结和有理有节的斗争方式，使得两次开庭都以国民党当局的可耻失败而告终。

“七君子”事件激起了全国各界爱国人士的极大愤慨，纷纷开

1937年7月31日，“七君子”在江苏监狱被无罪释放时的合影。左起：王造时、史良、章乃器、沈钧儒、沙千里、李公朴、邹韬奋。

展声势浩大的抗议行动并要求国民党当局立即无罪释放史良等七人。再加上“七七”卢沟桥事变爆发后，蒋介石在全国人民的要求下在庐山发表了抗日讲话，形成了举国一致的抗战局面，这就更加证明了“七君子”在国家民族危难之际，率先奋起倡导抗日救国运动，不仅无罪，而且有功。国民党当局已经没有任何理由能够继续羁押他们。7月31日，被关押了近8个月的“七君子”终于重获自由。

（讲解员　廖艺文）

同流而不合污、出污泥而不染

——卢绪章

1945年8月，抗战胜利，举国一片欢腾。在重庆的红岩村周恩来的办公室里，一位西装革履的中年男子正在向他倾诉："周副主席，当'资本家'真比要我的命还难受呀！我从青年时代起就立志救国，入党后，我更渴望做一个堂堂正正的战士，但这些年我却成天和那些双手沾满我们同志鲜血的特务周旋，碰杯送礼，我心里受不了呀。老朋友骂我，妻子不理解我，我满腹冤屈向谁说呀，'资本家'的日子我真过够了。"听完他的倾诉后，周恩来握着他的手，充满感情的对他说："卢绪章同志，我非常理解你的心情，你的痛苦我完全理解，你迫切希望去延安的心情我能体会。我也听说过你过去的上海朋友曾当面骂你财迷心窍、与豺狼为伍。我这里也收到过一些民主人士的告状信，说你丧失了良心和正义感，只知道赚钱发财。你是一个耿直、疾恶如仇的人，却要长期和那些人周旋，被朋友误解指责，内心怎能不痛苦呢！但是，你要从党的事业出发，你要继续当好红色资本家！而且，立即将广大华行全部转移到上海。"

卢绪章

1948年12月26日，一艘由香港开往大连的苏联货轮上，应中共中央邀请回内地参加新政协的李济深、邓初民、沙千里、章乃器等民主人士，还有去西柏坡学习七届二中全会文件、准备接管大城市的共产党员龚饮冰、吴雪之等在轮船的甲板上正在畅谈着新中国的未来，突然，章乃器发现曾和自己有过生意往来的国民党少将参议、大资本家卢绪章也在船舷旁，他非常不理解，难道他是去北京自投落网吗？章乃器不可思议，很不礼貌地问："你卢先生到那里去干什么？"卢绪章见章乃器一脸的迷惑，就笑着对他说："我是去那里看看有没有什么生意可以做。"章乃器对卢绪章的这种回答感觉莫名其妙！

1949年6月12日，在上海解放后的第一次工商界人士大会上，卢绪章却出现在会场上，使与会的工商界人士都惊呆了！大家感觉不可理解的是，这个陈果夫的大红人怎么可能与共产党的高级领导干部一起出席会议呢？没过几天，在陈毅市长的办公桌上就出现了一封封来自工商界人士检举揭发国民党少将参议、大资本家卢绪章的举报信。

这个卢绪章是个什么样的人呢？为什么总是有人举报他？

1933年，卢绪章和其他四位进步青年在上海组建了广大华行，以经营西药、医药器械邮售业务为主，1937年，卢绪章和广大华行的几位同志秘密加入了地下党组织。由于卢绪章的经营管理的出色才能，广大华行发展迅速，在大后方实业界迅速崛起，成为一个有实力、有地位，同时又有良好社会信誉的企业。1940年中共中央南方局周恩来决定建立党的经济战线，将广大华行作为南方局直接领导下的秘密经济实体，为党筹措经费。周恩来对卢绪章交代，"广大华行"内的党员由你单线领导，不许同重庆地下党发生横的联系。一定要做到社会化、职业化、合法化。并且要求卢绪章在肩负特殊使命时坚决做到：同流不合污、出污泥而不染！

自1940年广大华行从上海迁到重庆来以后，短短三四年间，不仅在昆明、成都、贵阳、西安、衡阳等地开设了分支机构，又创办了民孚企业公司，由卢作孚任董事长，卢绪章任总经理。由于经济基础雄厚，社会地位日益提高，他在重庆的企业家中已经是个知名的经济风云人物！

卢绪章拉拢蒋介石侍从室专员施公猛，摇身一变成为“国民党二十五集团军少将参议”，为自己开展各项产业工作打开了一条特殊的通道。

1944年10月，为适应战后的需要，周恩来批准广大华行派人去美国从事进出口贸易计划。卢绪章决定从广大华行抽出20万美元，派党员舒自清以蒋介石妻弟、国民党机要室主任毛庆祥创办的“生产促进会”名义去美国开展国际贸易。舒自清带了20万美元在纽约建立分行，并广交华侨富豪、工商巨头、社会名流、国际政客。在打开局面的前提下，分行成为美国第二大药厂施贵宝在中国和东南亚的总代理，并且与杜邦、摩根等财团做成了进口化工、钢材、五金等大笔生意，还向美国出口大豆、桐油、猪鬃、肠衣等土特产，使公司名声大振而搬到华尔街120号。

1944年又与全国工商会长王晓籁、中国工矿银行经理包玉刚等人组建民孚企业公司，增资1 000万法币，扩张到运输、五金、布匹、进出口、百货、药材。

1946年、1947年华行全盛时期，资产达119亿法币。

随着抗日战争的胜利，根据周恩来的决定，广大华行准备迁回上海。离开重庆前，周恩来在红岩村设便宴为卢绪章送行。凭着各种关系，卢绪章顺利地登上国民党军用飞机，回到上海继续发展广大华行的业务，并迅速在南京、青岛、沈阳、吉林、长春办公司，新建了“民益运输公司”，推行海陆空业务。卢绪章将他在美国、香港购买的紧缺西药也及时运回上海。舒自清也从纽约返回上海，加强外贸业务的操作。1946年与陈果夫合作创办了上海中心制药股份有限公司，陈果夫为董事长、卢为总经理。上海市长吴国桢亲率警察局长等各界要人前来祝贺，国民党要员吴开先、潘公展以及企业界人士和新闻记者也蜂拥而至。接着，卢绪章又去香港等地开设南洋银行、广业房地产公司等企业和金融机构。

卢绪章，他始终牢记周恩来对他的嘱托："要像六月风荷，出污泥而不染。"他周旋于国统区上流社会，出入于灯红酒绿之中，却始终坚持共产党人的理想信念，为党筹措经费，自己却两袖清风，一毛不取，过着简朴的生活。他出入有汽车，成天西装革履，但谁也不会想到，这位身家百万、正当英年的大富豪，贴身的衬衣却是打着补丁的。正因如此，他不能把衣服拿到洗染店，甚至请人代洗。于是，只能由他夫人自己洗。洗过之后，用马铃薯磨成浆，抹在领子上，再用火熨斗熨，好使衣领变得硬挺。他扛着"国民党特别党员、第二十五集团军少将参议"的合法身份，周旋于国民党上层人士之间，称兄道弟，灯红酒绿；暗地里他要冒着极大的危险为党输送人才，运送大批钱粮药物。他表面上是住洋房、坐汽车、开宴会、穿西服的大老板，应酬各方，轻松自在，但内心承受的压力和苦恼是少为人知的。他作为一个资本家，唯利是图，拼命的找钱、捞钱，积极努力的为党筹措经费，但却总是要遭到不明真相人的指责甚至是冷嘲热讽！党什么时候要钱就什么时候给，要多少就要保证提供！

从1937年靠300元积蓄创办广大华行至1948年8月的11年中，这位传奇式的中共地下企业家，为党筹集经费、赚取利润近400万美元。

有一个不完全的统计：卢绪章领导的广大华行1942年为广东韶关地下党提供经费8万5千法币；1948年至1949年，先后两次为中共港澳工委提供15万美元，给湖北和西南党组织提供经费2万港币；1949年初交党组织现钞100万美元，并向上海地下党提供一亿法币。

1949年初，中央指示卢绪章领导的广大华行：清理海外资产与香港华润合并，回京参加新中国筹建。卢绪章最后向中央上交了200万美元。

卢绪章，以他自己的行动，从一个方面生动地体现出以南方局领导下的国统区广大共产党人立党为公，淡泊名利，无私奉献的精神。

全国解放后，周恩来总理亲自任命卢绪章为中国进出口公司经理，奠定了新中国的对外贸易的基础。

1995年11月8日，卢绪章因体衰多病，医治无效，在北京逝世，走完了他八十四年的光辉历程。

在中共党史上，卢绪章被称为百万富翁的无产者!

出污泥而不染、同流而不合污，立党为公，一心为民，卢绪章将永远是我们学习的楷模!

（办公室机要文档科科长　龚月华）

在金钱与理想的天平上

——王朴和他的母亲金永华

王朴，人如其名，单名一个朴字，始终对党、对革命保持着最纯洁、最朴实的信仰。

母亲姓金，但是在儿子的正义事业面前，却能视钱财如草芥，仗义疏财，捐出了全部家产。

1921年，王朴出生于重庆江北县一个富有的家庭。他的父亲王莲舫、母亲金永华1926年带着5岁的王朴到日本做猪鬃生意。

1941年进入复旦中学读高中，和当时的许多进步青年一样，王朴目睹内忧外患的现实，经常邀集三五知己，针砭时弊，讨论救国救民之道。当得知复旦中学校长颜伯华贪污受贿的种种劣迹后，王朴义愤填膺，竟然勇敢地走上学校的周会讲台，向全校师生公开揭露校长侵吞公款、贪污学生伙食费的事实。王朴的仗义执言，触怒了校长颜伯华，最终在毕业前夕与几个反对校长的同学被开除学籍。

王朴

也正是由于这次事件，年轻的王朴开始思考：个人的前途在哪里？国家又将往何处去？王朴觉得，应该从更为广阔的社会背景中去寻找答案。

于是，被开除的王朴和几个有相

同经历的同学开始了在家中的自学。自学，带来了思想和行动上的自由。

他们买来了《资本论》、《联共(布)党史》、《马克思传》和鲁迅、莎士比亚的作品以及其他能够买到的进步书刊。一种要求改变社会现实的使命感，和共产主义理论与中国共产党的抗日救国主张产生了深刻的对接，王朴开始了认识、认同和自觉信仰共产主义的探索。

1944年，王朴考入了重庆北碚的复旦大学读书，在大学期间，王朴积极参与学校地下党组织的读书会活动，得到了党组织的信任。

王朴在复旦大学毕业以后，回到江北老家，担任地下党江北区工委委员，在地下党里负责经济工作，为地下党筹措经费。当时地下党交给他一个任务：希望他利用家里的财产和地位，创办一所学校，为地下党提供活动据点。于是，在母亲的资助下，先后创办了莲华小学和志达中学。

王朴的母亲金永华早年曾在日本经商，后回重庆江北，购置田产，成为江北县的首富。王朴的母亲不是共产党，仅是一个开明人士，当听说王朴要办学校时，她认为这是为社会做一件好事，便爽快地答应了王朴的要求，创办了莲华小学、志达中学。这两所学校

志达中学

在国民党统治时期掩护了一大批地下党员和进步人士，成为地下党的活动据点。后来，王朴又创办南华贸易公司，将所赚得的钱全部作为党的活动经费。

1948年下半年，川东地下党举行武装起义，需要大量的枪支弹药。而购买这些东西都需要大量的经费。这时候，王朴又动员母亲变卖田产。母亲深知王朴是在为社会、为老百姓干事，每当王朴提出要钱的要求，她就会毫不犹豫地拿出地契变卖。前前后后王朴的母亲变卖田产折合黄金两千两，用于支援川东地下党购买枪支弹药和药品。后来，王朴不幸被叛徒出卖，1949年10月28日，王朴在大坪被敌人公开枪杀。

重庆解放后，根据西南军政委员会首长刘伯承、邓小平的指示，市政府工作组代表，将一份烈士荣誉证书和两千两黄金来到金永华老妈妈家中的时候，老人只收下了那份记载着儿子生命价值的烈士证书，面对要归还的银行存票时，她说出了后来广为流传的“三个应该”和“三个不应该”的名言：“我把儿子交给党是应该的，现在享受特殊是不应该的；我变卖财产，奉献给革命是应该的，接受党组织归还的财产是不应该的；作为家属和子女继承烈士遗志是应该的，把王朴烈士的光环罩在头上作为资本向组织伸手是不应该的。”

金永华

解放后，金永华老人一直致力于妇女工作，在84岁高龄时，正式加入了中国共产党，完成了一个光荣母亲一生的夙愿。92岁高龄时，老人逝世。

金永华去世后，她的子女

根据母亲的遗愿，将她保存的王朴烈士所有物品和她本人的一些书信、物品无条件地捐给了重庆歌乐山烈士陵园。

我们收到这些文物资料以后，举办了一个展览，中央许多领导同志为展览题词作画，其中有一款是这样写的："光荣的儿子，伟大的母亲！"

（办公室机要文档科科长　龚月华）

老"政治犯"

——小萝卜头

他是新中国年龄最小的革命烈士，由于小说《红岩》、电影《烈火中永生》的巨大影响力，他的故事几十年来使许多人受到了极大的震动！他就是《红岩》小说中的小萝卜头，真实名字叫宋振中。

宋振中的父亲宋绮云是江苏邳县人，1927年加入中国共产党。先后在武汉、南京、邳县参加革命活动。1929年冬，经党组织批准和介绍，担任杨虎城将军所办的《皖南日报》总编辑、《西北文化日报》社副社长。1939年底，党组织又派他到杨虎城将军部队任少将参议兼总部干训班政治教官。由于宋绮云在部队里的抗日反蒋活动，一直为国民党特务机关注意。1941年9月，遭到特务的秘密逮捕。其后，特务又以"送衣物"为名，将宋绮云的妻子徐林侠诱捕。徐林侠1927年参加共产党，一直协助其夫从事革命工作。被捕时，因未满周岁的宋振中需人照顾，徐林侠就把他带在身边，谁知宋振中就这样还在襁褓中便失去了自由，从此生活在高墙之下。

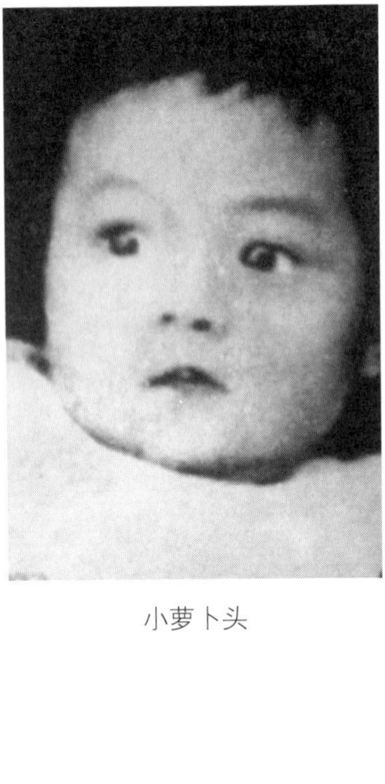

小萝卜头

在阴暗、潮湿的牢房里，吃的是发霉发臭的米饭，宋振中长到八九岁时，个头却只有四五岁孩子那么高，成了一个大头细身子、面黄肌瘦的孩子，难友们都疼爱地叫他“小萝卜头”，以致真实的名字宋振中被人遗忘。

在小萝卜头八岁的时候，跟随父母从贵州押到重庆白公馆关押。他的母亲徐林侠向狱方提出应该给孩子读书的机会，让孩子到外面去上学，狱方拒绝了她的请求。在小萝卜头的父亲宋绮云与难友们强烈的抗议下，狱方被迫答应了让小萝卜头学习，但规定不能外出学习，只能在狱中楼上黄显声将军的牢房中学习。

小萝卜头要上学了，父亲捡回一根树枝在地上磨尖后，作为笔送给小萝卜头；母亲徐林侠撕下一块棉花用火烧焦后兑上水作为墨汁；白公馆的每一间牢房每天省出一张草纸，给小萝卜头做了几个练习本。小萝卜头就是带着这些学习工具到黄显声将军处学习文化。

黄显声将军教小萝卜头学习语文、地理和俄文。在一次学习的时候，小萝卜头发现黄伯伯手里拿着一支红蓝铅笔头，他好奇地问：“黄伯伯，你手里的这支笔为什么一写就可以画出颜色和写出字来？为什么我的笔又大又粗，要沾一下才能写一下，我们两个换一支好不好？”黄显声将军笑了笑说：“可以，但是你要用俄语同我说上几个字，我就可以把它奖励给你。”为了能得到这支红蓝铅笔，小萝卜头每天早上站在铁窗下背记俄文单词，每天晚上睡觉前躺在床上呀呀的背记俄文单词。当他能够用俄语同黄伯伯说几个字的时候，黄伯伯把红蓝铅笔头奖励给了小萝卜头。小萝卜头得到这支红蓝铅笔头后，欢天喜地地跑回自己的牢房，他拿着红蓝铅笔告诉爸爸、妈妈说，这才是真正的笔！他用铅笔给爸爸、妈妈写了四个字：大、小、多、少。他再也舍不得用这支笔，他盼望着有一天出监狱后再用这支笔！

小萝卜头每次从黄显声那里学习下楼后，总喜欢坐在监狱底楼的栏杆上呆呆地仰望天空，他想看破天空，他想看破高墙铁网，他想出去看看！他想知道外面的世界究竟是什么样子！

一次，一位特务走过来，拿小萝卜头开心，她拿着一块糖，要小萝卜头叫她“阿姨”。小萝卜头看见特务手里的糖，不停地咽口水，他伸出小手要拿糖！但特务说：“先叫阿姨，后吃糖！”小萝卜头虽然很想吃那块糖，但他分得清谁是好人，谁是坏人，于是他摇了摇头，坚决地说：“你不是阿姨，你是特务，你是看守！”特务顿时火了，要去打小萝卜头。小萝卜头立即跳下栏杆跑回牢房，他抱住他的妈妈问：“妈妈、妈妈，什么是糖？”他的妈妈不知所措，只好指着一旁的盐罐子无奈地说：“这就是糖，我们的糖就在里面。”

小萝卜头从小生活在铁窗黑牢里，只有过一次出监狱大门的机会。那是他母亲徐林侠病重，狱方不得不用轿子抬她到国民党的四一医院去治疗，沿途让小萝卜头在轿子里照顾他母亲。当轿子抬出白公馆大门后，小萝卜头掀开轿帘，拼命地看着外边的一切，这一切对他来说是太新鲜了！当轿子路过磁器口大街的时候，有家人正在办丧事，小萝卜头指着那口漆黑的大棺材问母亲：“妈妈，那个黑乎乎的东西是什么？”他妈妈抬头向外看了后，非常伤心、凄苦地对他说：“那是棺材，人进去后就彻底自由了！”小萝卜头牢牢地记住了这句话。回到白公馆以后，他逢人便神秘地说：“我们要是进了棺材，就可以自由啦！我们要是要进了棺材，就自由啦！”他

小萝卜头殉难处

要狱中的叔叔、阿姨都去找棺材！白公馆的难友们听到小萝卜头这样的嚷嚷，他们的心在滴血，他们不知道该怎样向小萝卜头解释！

1949年9月6日，年仅9岁的小萝卜头与他的父母和杨虎成将军一起被杀害于松林坡刑场。解放后，当人们从地下取出他的遗体时，发现他的两只小手在胸前死死的握着，当把他那开始腐烂的小手轻轻打开的时候，里面攥着的就是当年黄显声将军送给他的那支红蓝铅笔头！

几十年过去了，小萝卜头的梦想已经得到了实现，让我们记住小萝卜头，让我们记住这位为新中国建立而牺牲的最小的烈士！

（办公室机要文档科科长　龚月华）

许云峰原型之

——韦德福

在小说《红岩》中有这样一个人物，他独自被关押在白公馆监狱的地牢中，他戴着手铐脚镣却徒手挖开了地牢的石壁，他就是大家所熟知的许云峰——《红岩》小说着力刻画的主要人物之一。但事实上，许云峰并没有挖穿地牢，做这件事的另有其人，他的名字叫——韦德福。

韦德福出身在一个贫苦的农民家庭。16岁那年，为了糊口，给一个国民党军官当了勤务兵。因为酷爱学习文化知识，18岁时，这个军官介绍他去考军统局管辖的宪兵特高组。那时的韦德福并未接触到革命思想，只求有一个稳固的饭碗，因此就参加了特高组考试，参加了国民党。从特高组训练班毕业后，分配他到邮局搞“邮检”工作，任务是检查《新华日报》。韦德福求知欲很强，在日常工作中，阅读了大量的《新华日报》，接触到了进步革命思想很受触动，进而对共产党产生了浓厚的兴趣。一次，他奉命监视一个进步的新闻记者，被记者察觉。记者见他受国民党毒害不深，便主动接近他、教育他，他俩倒成了

白公馆监狱地牢

朋友。他向往延安，但在当时的环境下根本没有机会。在记者的帮助下，他进入了陶行知所办的社会大学听课，被分在政治经济学系。在社会大学里，韦德福显得很激进，在班会上慷慨激昂地发言说："社会大学就像解放区一样，使我们这些孤儿般的年轻人感到亲切，感到依恋，让我先吻一下这块土地……"

白公馆地牢墙根洞口

1947年，全重庆市大中学校成立"抗议美军暴行联合会"。国民党派出特务殴打参加游行的学生，韦德福受了轻伤。他带伤去宽仁医院守护受伤住院的同学。在《新华日报》1947年2月5日第一版登载的《渝市55个大学生慰问被殴打的学生》的报道中，就有韦德福的名字。二月中旬，同学们发现韦德福失踪了。原来，他已经被作为军统违纪分子秘密逮捕进了白公馆看守所，后来又因在审讯中态度强硬，顶撞了特务，被关进了白公馆看守所的地牢。

地牢里阴暗潮湿，没有一丝光亮，偶尔会有几只老鼠出来乱窜。一次偶然的机会，韦德福通过老鼠洞发现地牢的墙是用石块垒成的，于是，他便顺着老鼠洞向外抠，抠得十个指头鲜血淋漓，但他凭着惊人的毅力，终于抠松动了一块石头。当一束亮光投进地牢时，韦德福欣喜若狂，对于常年被关在黑暗地牢里的韦德福来说，一丝阳光比金子还要珍贵，但他又迅速地用石头将亮光遮住。他等待着，等待着逃出这人间魔窟的机会。

在一个乌云密布的夜晚，韦德福觉得他等待已久的机会终于到来了，他取出那块已经被抠松动了的石头，双脚朝外，缓慢地向洞口移动，伴随着一声沉闷的响声，他整个身体连同脚镣、手铐摔

白公馆监狱地牢外貌

在了沟坎边杂石满布的地面上。原来洞口距地面至少3米高，他忍着疼痛试图想要站起来，却发现两腿已经不听使唤了。

韦德福知道，他不能停留在这儿，只有逃出去，他才有机会去到他向往以久的延安。于是他拖着伤腿，忍着剧痛拼命地向歌乐山上爬去。然而刚逃过第二道警戒线，就被哨兵抓住。第二天清早，特务看守集合白公馆全体难友，咆哮着当众用扁担毒打韦德福。即使打得他遍体鳞伤，奄奄一息，也没听见他一声求饶。难友们都难受得不忍再看。特务见韦德福被打得只剩下一口游丝般的气息，就把他锁上脚镣、手铐重新拖回地下室。大家都以为他活不成了，可是看见每天依旧有人到地牢送饭，这说明他活了下来，奇迹般地活了下来。

但是，韦德福最终还是没能逃过被杀害的命运，1948年7月29日夜里，韦德福被秘密枪杀于白公馆旁的松林坡。

在重庆歌乐山烈士陵园馆藏档案保存的1950年重庆各界追悼被难烈士筹备委员会制的被难烈士登记表中，有这样一段文字，记录了他短暂的一生："韦德福：刘湘时代在万县当宪兵，后来自学，极有进步，不知有没有组织关系。学习力强，毅力大，在白公馆是最优秀人物。脱逃，不果，1948年7月29日半夜被害，临死十分镇定，遗物全赠友。"

（技术部编辑科副科长　钟意）

千古功臣

——杨虎城

杨虎城，中国现代史上著名的爱国民主将领，在中华民族面临危难之时，他抛弃个人安危，为中国抗日战争的胜利做出了不朽的功勋。

杨虎城于1893年出生于陕西蒲城县一个贫苦农家，父亲因反对清政府的腐朽统治而惨遭杀害。青年时期，他就参加了反对地方封建势力的斗争。1912年投身孙中山先生领导的辛亥革命，于1924年加入国民党，拥护孙中山先生的联俄、联共、扶助农工三大政策，先后担任了国民革命军军长、十七路军总指挥等要职。

1931年，“九一八”事变后，杨虎城积极主张抗日，反对蒋介石“攘外必先安内”的反动国策，在中国共产党抗日民族统一战线政策的感召下，1936年12月12日，他联合张学良发动了震惊中外的“西安事变”，迫使蒋介石停止内战，一致抗日，并提出抗日的八条主张。在中国共产党派出的周恩来等同志大力斡旋下，蒋介石被迫接受八项主张。西安事变的和平解决，结束了十年内战，实现了国共第二次合作，从此，中国人民走上了抗日战争的征程。

杨虎城

西安事变和平解决后，蒋介石却

背弃了"不予报复"的诺言，将送他回南京的张学良交付军法处审判，继又假惺惺通过"特赦"，宣布由军委会对张"严加管束"，长期软禁。

其后，蒋介石逼令杨虎城辞去西安绥靖公署主任及十七路军总指挥职务，委任他为"欧美考察事专员"，到美国、法国、比利时考察，名为考察，实为将他赶出中国，流亡海外。为了抗日大计，杨虎城忍辱负重，从上海乘船经日本到美、欧考察。在国外，除了参观，他与当地军界进行军事方面的研讨，组织当地华侨向他们作抗日演讲，介绍国内形势，鼓动他们的抗日爱国热情，并组织各地华侨募捐，支援国内的抗日。

1937年7月8日，正是卢沟桥事变爆发的第二天，船行太平洋上，将军闻此消息，激动地对随行人员说：国家处于用人之际，而身为军人，当驰骋战场。于是急电蒋介石，请求回国抗战。蒋介石收到电报后，不予理睬。而杨虎城又连去两封电报给蒋介石，但蒋介石仍不同意。他又去电宋子文，请他在蒋介石面前斡旋，希望蒋介石同意他结束考察生活，回国抗战。不久，宋子文来电说："兄虽未奉电召，弟意宜自动返国。"杨将军收到电报，决定立即回国，随行人员劝他千万不能回去，然而他义无反顾地说："我们发动'双十二'事变，目的是为了抗日，今抗战已起，我岂能逍遥于国外。"他谢绝了同行人员的劝阻，立即返回国内，一到香港，即遭被派去的军统特务监视。

杨虎城和张学良

几天以后，蒋介石以在南昌召见为由，将他骗往南昌扣押。从此，杨虎城将军开始了

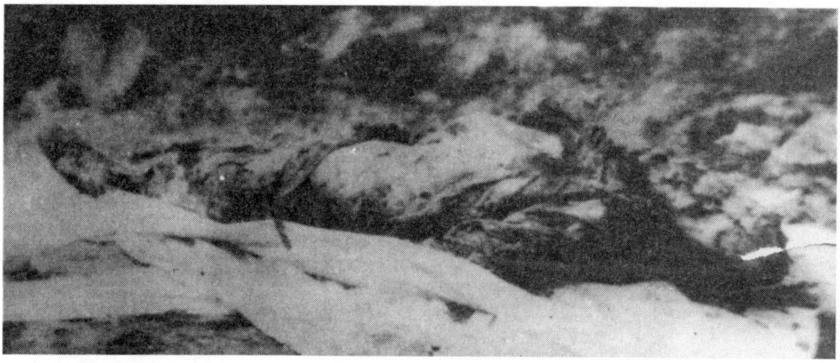

杨虎城将军遗体

长达十二年的囚禁生活，辗转关押于武汉、贵州、重庆等地。

在囚禁期间，杨虎城将军多次质问当局：我杨虎城回国抗日，何罪之有，即使有罪，也应该让我戴罪立功，效命疆场。蒋介石也几次派人去劝说杨虎城，启发杨虎城在报上发表声明，公开揭露西安事变所谓真相，要其承认西安事变是受了共产党的挑动而发动的。面对这些国民党官员的劝说，杨虎城义正辞严："我杨某人是堂堂军人，非三岁顽童，我发动西安事变，纯系当时国内严重形势和各界抗日爱国热情所逼，绝非受某些人的挑动。"蒋介石为此对杨虎城恨之如骨！

1949年9月6日，蒋介石命令周养浩将杨虎城、儿子杨拯中、女儿杨拯贵及秘书宋绮云一家等人秘密杀害于松林坡戴公祠，然后将尸骨埋在花台内，种上花草，掩人耳目。一位叱咤风云的军事将领，没有战死抗日疆场，却惨死在国民党反动派的屠刀之下。

杨虎城将军是一位旧军人，在"天下兴亡，匹夫有责"、"先天下之忧而忧，后天下之乐而乐"的传统思想影响下，受中国共产党抗日民族统一战线的感召，在中华民族出现危机的时候，发动西安事变，承担起了这个历史重任，有功于国家。杨虎城将军得到了中国共产党和中国人民的最高评价，称他是千古功臣。

（办公室机要文档科科长　龚月华）

在烈火中永生

——叶挺

“为人进出的门紧锁着，为狗爬出的洞敞开着，一个声音高叫着：爬出来吧！给你自由；我渴望自由，但我深深地知道，人的身躯怎能从狗洞子里爬出！我只期待这一天，地下的烈火升腾，将我和这口活棺材一齐烧掉，我应该在烈火与热血中得到永生！”这首诗是红岩烈士在狱中的真实写照，这首诗的作者就是叶挺将军。

叶挺1896年出生于广东惠阳。先后毕业于广东陆军小学堂、武昌陆军第二预备学校和保定陆军军官学校。1919年加入中国国民党。北伐时期，曾任国民革命军第四军独立团团长、第十一军第二十四师师长等职，屡建战功，被誉为“北伐名将”。1927年参加领导南昌起义，代理前敌总指挥，后参加广州起义，任起义军总司令，失败后流亡海外而脱党。抗战爆发前，叶挺回到祖国，国民党许以高官厚禄，要他反共，但遭到拒绝。抗战爆发后，中国共产党领导的江南游击队改编为新四军，奔赴抗日战场，任命叶挺为新四军军长。在叶挺的领导下，新四军纵横驰骋于扬子江头、淮河之滨，与日伪军作战4 000余次，战功卓著。毛泽东高度评价：“军长叶

叶挺

江西上饶西村

挺，领导抗敌，卓著勋劳。”

1941年1月4日，新四军军部及所属部队9 000余人，从安徽泾县云岭北移，6日行进到茂林地区，突遭数倍于己的国民党军队包围袭击，经过7个昼夜浴血奋战，除1 000多人突出重围，一部分被俘外，数千人壮烈牺牲，副军长项英被杀害，叶挺舍身赴敌营谈判，被扣留，这就是震惊中外的“皖南事变”。

“皖南事变”后，叶挺被辗转关押于江西上饶、广西桂林七星岩，蒋介石曾以高官厚禄相利诱，都遭到将军的严词拒绝。

在狱中，叶挺曾给蒋介石发去电报，要求查明皖南事变真相，在电报中，他要求：

（一）无条件释放我军全体官兵，因部下不听我指挥，责任在我，与任何人无关；

（二）组织军事法庭，澄清事变真相，严惩首恶，公布全国；

（三）经法庭判决，如责有攸归，罪有应得，情愿坐穿牢底，著书写作，以度余年。义无反顾，临电泰然。

1942年1月3日，叶挺将军被押送到重庆。将军下飞机时手提一盏油灯，别人问白日为何举灯，叶挺回答说天还未明！天还未明，这是对国民党的黑暗予以了辛辣的讽刺，也表明将军绝不屈服

的意志。

自从被囚禁以来，为抗议国民党的无理关押，叶挺一直拒绝理发，到重庆时，已须长数寸，发若秋草，当时蒋介石派陈诚来作叶挺的工作，听说陈诚将要探望，戴笠指示沈醉，立刻带上新衣和理发师前去，敦劝叶挺理发更衣。无论沈怎样劝说，叶挺只坚持一条，不获无条件释放，决不整容。

不日，陈诚来到狱中，希望叶挺能够出狱担任第六战区副司令长官，遭到了叶挺的严词拒绝，并厉声质问："蒋介石有什么理由袭击新四军，为什么捏造叛变的罪名把我扣押，把新四军指战员镣铐加身投入监狱？为什么在国家、民族生死存亡的关头做出这种令亲者痛仇者快的事情？"接着他又表示：除恢复新四军，继续由他担任军长，其他职务概不考虑。陈诚见叶挺态度如此，只好告退而去。

眼见众多说客都以失败而告终，1942年5月12日，由第三战区副司令长官兼参谋长郭忏作陪，蒋介石亲自劝降，威逼利诱，但都被叶挺巧妙地顶回去了。

知道不能征服叶挺，蒋介石撕下了温情的面纱，下令取消对叶的"优待"，移禁白公馆看守所。

叶挺夫人李秀文，一直不知丈夫的下落。1942年10月，她终于通过李济深的关系，打听到丈夫被关押在重庆。经过半个多月奔波，戴笠才派人将李秀文母女接到歌乐山下五灵观招待所与叶挺相见。当见到长发长须的丈夫时，李已泣不成声，叶将军见到母女二人，也悲喜交加。李秀文还带来了周恩来、叶剑英等同志以及各界进步人士的问候和敬意，这使叶挺非常激动，想到了中国共产党在他身处逆境时，时刻关心着他的安危。党的关怀，使他坚定了把牢底坐穿的决心。他热血沸腾起来，挥笔写下著名的诗篇《囚歌》。

《囚歌》写成后，由叶夫人带出及时交给郭沫若，这首被郭誉为"用生命和血写成的真正的诗"，开始在社会上广泛传诵。

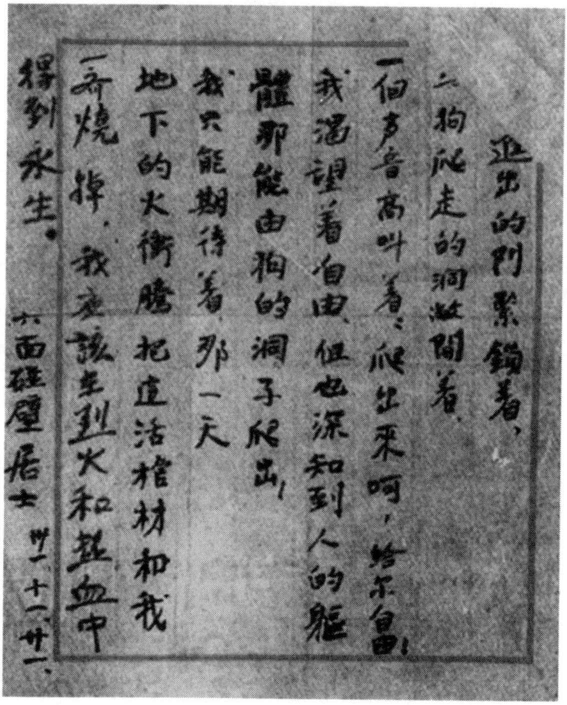

進出的門緊鎖着，
〃狗爬走的洞敞開着，
一個聲音高叫着：爬出來呵，給爾自由！
我渴望着自由，但也深知到人的軀
體那能由狗的洞子爬出！
我只能期待着，那一天
地下的火衝騰，把這活棺材和我
一齊燒掉，我應該在烈火和熱血中
得到永生。
六面碰壁居士 卅一、十一、卅一

囚歌

由于我党的不断营救，迫于社会的舆论压力，1946年3月4日叶挺将军被释放出狱。第二天，将军即致电中国共产党，申请重新加入党组织。毛泽东亲自修改了同意叶挺将军加入中国共产党的复电。不幸的是，同年4月8日将军乘飞机去延安时，飞机在山西黑茶山失事，叶挺将军不幸遇难。

将星殒落，苍天生恨，山河同悲。

中共中央在延安为“四八”烈士举行了隆重的追悼大会，毛泽东同志亲笔为“四八”烈士题词：“为人民而死，虽死犹荣。”

（办公室机要文档科科长　龚月华）

一生节俭的邵力子

邵力子于1882年出生在浙江省绍兴县，学名闻泰，字仲辉，家中排行第二。力子是他办《民立报》时所用的笔名，取义于《后汉书》“游子天所弃，力子天所富”之句。他的一生经历了清朝、民国和中华人民共和国三个时代，他是孙中山先生的忠实信徒，是国共两次合作的积极参与者，公认的和平老人、中国共产党亲密的朋友。他曾经担任过国民革命军总司令部秘书长，陆海空总司令秘书长，甘肃、陕西省主席，中央宣传部长、驻苏大使等。邵老有很多崇高业绩值得我们敬仰和学习，但今天我们主要介绍邵老一生勤俭节约的故事，以帮助我们从另一面更好地认识这位德高望重的革命前辈。

邵力子

在中国民主党派历史陈列馆里，有这样几件文物(一个枕头、一个使用过的信笺以及一个绑着铁丝的保温杯)被安静的摆放在中国国民党革命委员会的展柜中，仿佛向观者述说着文物背后的故事，这些物品的主人就是邵力子先生。他一生都保持着中华民族勤俭节约的传统美德。邵老节约那可是出了名的，我们通过几件小事来详细了解一下：

一、翻新信封

以邵老的经济情况来说，工资收入不少，可以说是比较富裕的。但他一生节俭，他经常把旧信封翻过来继续使用，这可是他从青年时代就养成的习惯。平时与亲友学生通信，除特殊情况外，总是以外来的旧信封翻转使用，他把旧信封一个个翻转过来再贴好，有时来客看他折糊信封的动作快速熟练，就会瞪大眼睛看一阵，这时他就笑笑说："节约要一点点做起，可以培养节约之美德啊！"

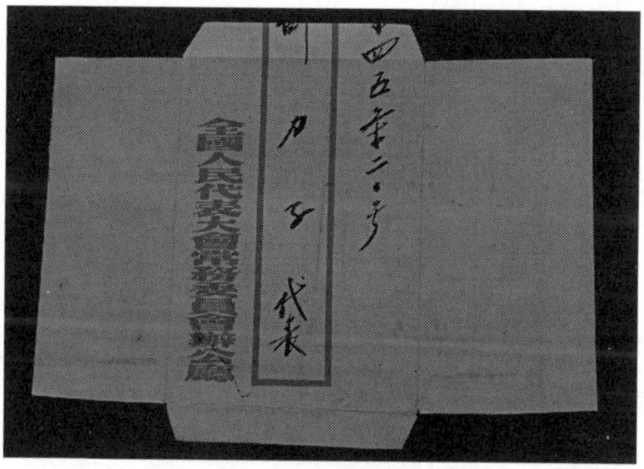

邵力子的自制信封

二、一顶旧帽

在抗日战争时期，有一天邵力子在重庆出席一次会议，陈立夫、朱家骅等国民党要人都参加了。他们开会的时候，几个做招待工作的年轻人没事干，就在衣帽间里把这些显要人物的帽子拿来鉴定、评比。评比的结果是：陈立夫的黑绒呢帽子最考究，不但是进口货，而且是第一流的。在抗战时期，交通运输极其困难，进口外国货是很不容易的。朱家骅的浅咖啡色礼帽也很华贵，特别是香气扑鼻，熏人欲醉。其他一些人的帽子也都很不错，唯独邵老的帽子最蹩脚，不仅使用了多年，很是陈旧，而且帽顶、帽箍都变色了，有的地方断断续续的还有不少破孔。这些年轻人真不敢相信，这竟是一位做过部长、会长、秘书长、大使等许多重要职务的人戴的帽子！

三、衣着简朴

邵力子的衣着很讲究整齐清洁，他对衣服的穿用也很仔细，为了减少磨损，每次办公都带着袖套。他的那件灰色呢毛料做的中山装一穿就是十几年。他有一件睡衣，早就磨光了绒毛，先磨破一个小洞，补了，渐渐磨成大洞，最后将整个后背都换掉，还不肯换新

邵力子用过的保温杯

的。他的擦脸毛巾也是磨得渐渐地像纱布，渐渐地磨出了洞，洞越来越大时，他就将毛巾从中间剪开，将两边换到中间对缝起来继续使用。有人说："邵先生节约的过头了，一件睡衣、一条毛巾能花多少钱，何必呢？"邵老听后总会皱皱眉头说："节约哪有过了头的，节约是美德，一件衣服，一条毛巾，也要经过农民和工人多少工序，付出多少劳力呀！怎能不爱惜。"

但是节约的邵力子可并不吝啬，他将发下来的薪水大部分都用于教育事业，在家乡他办了明强小学和稽山中学，对有困难的人他总是解囊相助。1936年2月初的一天黎明，邵力子的寓所就响起了笃、笃、笃的敲门声，刚起床的邵力子急忙去开门，一个头戴旧皮帽、身穿破皮袄的老农一进门，便上气不接下气地焦急的说："我儿子心脏病突然发作，急需送医院做手术，但要先垫付200元才能入院，我这穷老头子哪能拿出这样一大笔钱，借也借不到啊！听说你是我们百姓的好官，就连夜跑了四十里路找你，同你商量一下。"邵力子见他急得满头大汗，毫不迟疑地从抽屉里拿出200元，并从橱柜里拿出两包饼干一起交给他，安慰他说："快拿去将儿子送医院，救人要紧，饼干你路上充饥。"老农用颤抖的手接过饼干和钱，含着热泪激动的说："这钱我待后送回。"邵力子忙说："不用还了，快去吧！"

邵力子对那些穷朋友也关心入微，每月领到工资后，总要按时给他们寄去生活补助费，每逢寒冬腊月，担心他们衣服单薄，还额外增加寄去衣着费，每月汇出的这些费用超过了他的工资一半还多。和自己的节俭相比，这是何等鲜明的对照啊！

（讲解员　袁惠明）

“四勉一戒”

——张澜

张澜，字表方，四川南充人，生于1872，逝于1955，历经三朝十代。是什么让他从一个前清秀才成为中华人民共和国的副主席？是什么让他从一介书生成为众人敬仰的政治家？是什么让他从无党无派卓尔不群的布衣圣人，成为创立领导影响深远的政党领袖？总其一字，是“德”！

张澜一生光明磊落、刚直不阿。他强调：“做事要先做人，做人要先修品。”在中国“修身、齐家、治国平天下”的传统文化影响下，他提出了“四勉一戒”，即“人不可以不自爱，不可以不自修，不可以不自尊，不可以不自强，而断不可以自欺”。在他的一生中他一直用“四勉一戒”严格要求自己。毛泽东曾当众称赞其道：“表老啊，你的德很好！”而他的德的一个重要体现，就是为官清廉，从不谋私。

张澜

民国初年，张澜在川北任宣慰使，弟弟希望他帮忙找一个公差谋事，以便养家糊口。面对家人的请求，张澜虽感为难，但还是义正辞严地说道：“我难以用权力为你某一差事，弟若爱我，应该能够体谅我的心情，在家中替我孝敬侍奉母

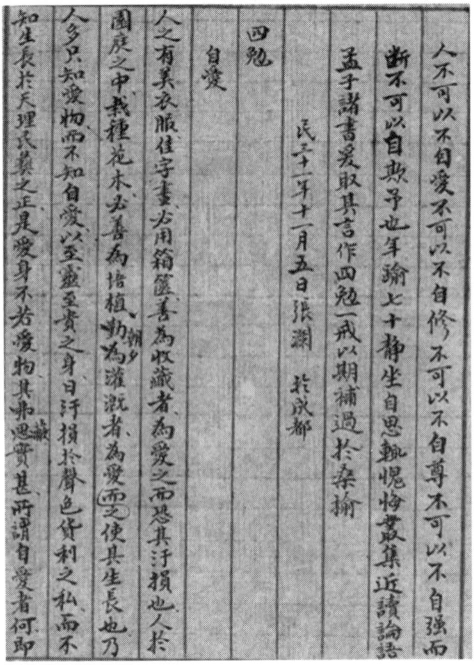

人不可以不自愛、不可以不自修、不可以不自尊、不可以不自强，而
斷不可以自欺。予也年逾七十，静坐自思，輒愧悔叢集。近讀論語、
孟子諸書，爰取其言作四勉一戒，以期補過於桑榆。
民三十一年十一月五日張瀾 於成都
四勉
自愛
人之有美衣服、佳字畫，必用箱篋善為收藏者，為愛之而恐其汙損也。人於
園庭之中栽種花木，必善為培植，勤為灌溉者，為愛而之使其生長也。乃
人多只知愛物，而不知自愛，以至最至貴之身，日汙損於聲色貨利之私，而不
知生長於天理民彜之正，是愛身不若愛物，其弗思甚。所謂自愛者何，即

张澜的“四勉一戒”手稿

亲为最好。”在任宣慰使期间，他经常因公务而将自己的官饷借出使用，以致到卸任时负债800吊钱，还是母亲卖了几亩祖田和拿出历年的积蓄才得以还清。

张澜任四川省长时，熊克武指责张澜为贪官，下令查抄张澜在南充南溪的家产。顺庆府的石青阳派人去调查的时候，不但看到张澜的母亲和夫人在田间劳作，家中更是没有任何资产。这让前去调查的人感到十分的惊讶，没有想到张澜当官多年，家境竟如此贫寒，他们遂向熊克武详细报告了这一情况，并且强调说:“川北圣人之誉不谬！”熊克武听了沉思良久后说道:“天使张澜如此清政，倒张必遭天谴！”张澜对于熊克武所诬之词“不胜骇异”，为澄清事实，以证清明，曾专门致信熊克武，对有关疑虑账目一一加以澄清，函中写道:“财归实用，款不虚糜，扪心自问，并可以质鬼神而对天地。事关国家财政，人民膏血，断不受无端之污毁也。鄙人平生百无一长，维不贪财一节，差堪自信。”由于张澜清廉执政的人品，他的家人及亲属不再被扰，免于一难。

多年来，无论张澜在外面当什么官，老母亲仍在南充乡下割草、放牛、养猪、种田。母亲逝世时留下遗言:“我劳累一辈子，没给儿孙留下半间房，半分地，还死在别人的屋子里。望儿无论如何要积点儿钱，置点儿业，就算是我留下的祖业吧，我死了也才心安。”张澜知道后哭着说:“母亲清醒时，想来老人家是绝不会叫我顾私

的。家中曾有过的一点儿祖业，竟也被我卖掉，周济了穷人。母亲的遗嘱，我实难做到啊！看来，我将永远不是一个孝子了！”后来，张澜作《墓碑》，写道：“澜之居官，不敢贪污，能自立于世，不为夸毗者，实先考、妣德行之所陶成。”

新中国成立后，张澜被选为新中国国家副主席，他的夫人及儿女也随即从四川迁到北京。当时，国家曾多次为他安排住宅，可却被他一一拒绝，因为在他看来，那些院子委实太大了，房屋也太好了。后来，他亲自选择，终于合家团聚在一处旧陋的宅院里，组织上要为他翻新住宅，他坚决不允。当时政务院总理周恩来批准发给每位党外知名人士每月200元特别费，这在当时是很大一笔款子，他执意分文不取，有关部门只好将这笔款按月存入银行，他去世后这笔款又还给了国家。

1955年2月9日，张澜在北京病逝，终年83岁。逝世前两天，他留下简短的《家事遗嘱》：“余因一生尽瘁民主革命事业，不治家产，其所遗之书籍、名人字画、衣物等，一切均付吾妻刘慧征，以为纪念。余之儿女已能自力，望各自爱，以继余志。此嘱。”

1949年10月1日，张澜（右二）出席开国大典

“人不可以不自爱，不可以不自修，不可以不自尊，不可以不自强，而断不可以自欺。”——这就是他以德立身与时俱进的座右铭，更是他终生为国为民鞠躬尽瘁的真实写照。正如后来一位政治评论家所说：“他是一位为真理而‘强横到底’的硬汉，正义之所在，从不曾为威武所屈，这种大无畏精神，直至数十年后的今天，老而弥坚。”

（讲解员　廖艺文）

红色特工张露萍

她，17岁入党，18岁被派回四川，执行秘密任务，19岁时，被叛徒出卖入狱，24岁，被国民党军统秘密枪杀。

她叫黎琳，后改为张露萍，1921年出生在四川崇庆县一个军阀家庭。1937年，抗日战争全面爆发，张露萍以优异的成绩考入成都的蜀华中学读高中。在这里，张露萍认识了同班同学车崇英的父亲——中共川西特委军事委员车耀先。他经常向张露萍等人宣传我党抗日民族统一战线的主张，鼓励她们投身到民族解放的伟大斗争中去。那段时间，张露萍思想觉悟不断提高，这为她日后深入虎穴担当大任打下了良好的思想基础。

1937年12月，张露萍等人秘密离开成都，到达延安。在延安，张露萍勤奋学习，积极劳动，以优异的成绩先后从陕北公学和“抗大”毕业。

张露萍

1938年10月26日，17岁的张露萍在延安加人了中国共产党。之后，党组织根据她的情况，分配她到延安文联作秘书工作。这段时间，她同马列学、政治经济学研究室的李清同志在工作中萌发了爱情，结成了革命伴侣。

1939年深秋，延安决定派张露萍回四川开展统战工作。

张露萍，告别了生活了近两年的延安，也告别了新婚不久的爱人，开始了一个红色特工的传奇生涯。

张露萍此去四川的秘密任务究竟是什么呢？

早在1939年8月，南方局来了两位不速之客，他们就是张蔚林、冯传庆，当时是军统局重庆电讯总台的工作人员，由于看清了国民党反动派的本质，通过阅读《新华日报》和一些进步的刊物，觉得在军统局工作没有出路，希望加入中国共产党。当时，叶剑英同志接见了他们，起初并不敢贸然相信他们的话，但在之后的一段时间里，他们送来了许多真实的情报，并送来了特务机关的电台密码。最后，叶剑英同志相信了他们，并且由叶剑英和曾希圣介绍他们入党。后来，张蔚林、冯传庆又在军统电台内发展了杨洸、赵力耕、王席珍、陈国柱、安文元等人入党，建立了一个特别支部。张露萍此次的任务就是领导这个特别支部，为党转送情报。

在张露萍的领导下，军统电台的秘密特支，他们就像安在敌人心脏的“X光透视机”，把敌人的一举一动都看了个通透。

1940年春节前夕，电台特支的工作一直非常顺利，张露萍向军事组请假回成都老家，同时摸一摸川军的统战情况，组织上同意了。

张露萍没想到的是，这次去成都后，一个意外却导致了整个军统电台特支的暴露！

1940年2月中旬的一天，张蔚林在工作时烧坏了一个真空管。军统有规定，损坏设备要被处分，或者是关禁闭。张蔚林担心身份暴露，情急之下有些乱了阵脚，在没到交班时间就偷偷离开岗位，而且违反规定直接来到了周公馆报告。

叶剑英、曾希圣听了张蔚林所谈的情况，认为烧坏真空管是工作失误问题，关几天禁闭被调查也是正常的，要求他迅速回到工作岗位，以免节外生枝。

但张蔚林没有按照军事组领导的要求立即赶回电台，而是到了自己的老师、电讯专家、军统电讯处少将处长董益三的家里求助。

就在张蔚林脱岗之时，军统督察处处长叶翔之按照戴笠指示前来查岗。当他发现张蔚林不在工作岗位，电台又处于非工作状态时，非常吃惊！立即派人去宿舍寻找，在宿舍写字台的抽屉里，发现了军统在各地的密台表以及记载着绝密情报的手抄件、军统电台人员花名册等和一些看不明白的密语。

叶翔之大吃一惊！他立即向戴笠报告，戴笠要求迅速逮捕张蔚林！

然后，特务通过排查，以及在张蔚林宿舍搜出来的字条，和对字迹的确认，冯传庆、杨洸、赵力耕、陈国柱、王锡珍、安文元等6人先后被抓！

张露萍当时不在重庆，她又是怎么被捕的呢？

安文元，案发前一个月才发展的新党员，因经受不住刑讯逼供，说出了直接的领导就是张蔚林的妹妹——张露萍，以及她现在不在重庆而在成都的秘密。特务们再次检查张蔚林的宿舍时，发现了一个成都地址的字条，狡猾的特务叶翔之就模仿张蔚林等人的口吻，照着这个地址发去了“兄重病速回”的电报。

收到电报的张露萍，感觉有些不对，但不论怎样，这份电报表明重庆肯定出了问题，自己必须立即回去！于是，张露萍决定不给张蔚林他们回电，而是直接给南方局发去了立即返回的电报。

接到电报，南方局认为，张露萍肯定中了特务的圈套，但已无法阻止，只好派了几个人到车站试图营救，但是一到车站发现，已有特务层层把守，根本无力营救，只好眼睁睁看见张露萍被叛徒安文元指认而被逮捕。

张露萍被捕后，不管特务们如何威逼利诱、滥施酷刑，但他们听到的只有：“我就是他们的上级，他们按照我的要求做事！”这两

张露萍等七烈士殉难处

句话，再也没有多余的一个字。

戴笠不甘心失败，决定利用张露萍“放长线钓大鱼”，于是，派人在曾家岩附近把张露萍释放，又悄悄派人跟踪，看她跟谁说话，看她到底进不进周公馆？机警的张露萍当然知道敌人的伎俩，即使见到自己的同志仍是满脸严肃，一言不发，在距离周公馆大门只有一两步的地方，张露萍连看都不看就走开了。

无计可施的特务，于1941年3月将张露萍等人又转囚到了贵州的息烽监狱。

在贵州息烽，他们七个人是以“军统违纪”被关在监狱的，由于是单线联系，因此不能与狱中党组织发生关系，车耀先数次追问张露萍究竟是怎么回事，但她为了严守党的纪律，只能选择回避，直到1945年7月14日被秘密杀害的那天，也没有暴露党的秘密。

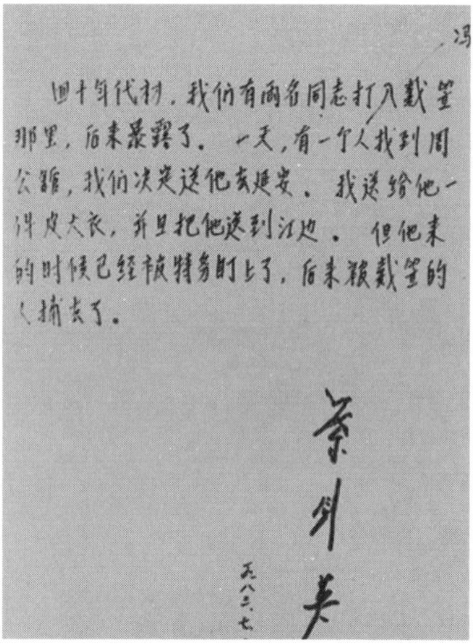
冯

四十年代初，我们有两名同志打入戴笠那里，后来暴露了。一天，有一个人找到周公馆，我们决定送他去延安。我送给他一件皮大衣，并且把他送到江边。但他来的时候已经被特务盯上了，后来被戴笠的人捕去了。

叶剑英
一九八三、七

叶剑英为张露萍等人写的证明材料

重庆解放后，由于各种原因，张露萍等七烈士的事迹一直不为人所知，因而无法进入烈士评定范围，以致无缘烈士的称号。

张露萍牺牲30余年后的1983年，根据党中央的指示，四川省委组织部、贵州省息烽县委派出专人内查外调，叶剑英等很多同志也亲笔写了证明材料。在全部查清事实的基础上，中央有关部门为张露萍等7位烈士正名、平反，获得革命烈士的称号。

（办公室机要文档科科长　龚月华）

正气人格的诠释

——何功伟

“为天地存正气，为个人存人格，成仁取义，此正其时。行见汨罗江中，水声悲咽；风波亭上，冤气冲天。儿蝼蚁之命，死何足惜！……”面对死亡，他毫不畏惧，面对高官厚禄，他也丝毫不动摇，面对老父亲一次又一次的哭诉劝说，他表示绝不转变立场，甚至拒绝与父亲见面。他就是何功伟——至情至性，大节大义的中国共产党员！

1936年8月，21岁的何功伟在胡乔木、唐守愚同志的介绍下加入了中国共产党。1939年8月，作为湖北地下党负责人的何功伟到重庆中共中央南方局汇报工作。在参加了时事政策学习后，南方局决定派何功伟担任中共湘鄂西区党委宣传部长，后又担任鄂西特委书记。由于妻子许云此时怀有身孕，于是在南方局周恩来同志身边做机要工作。

何功伟

1941年1月，国民党顽固派制造了“皖南事变”，第二次反共高潮随即发动。1月20日，何功伟和鄂西特委其他同志共400余人及部分进步人士因叛徒出卖不幸被捕。

何功伟被捕时虽然只有26岁，但因其才华横溢，又是著名的抗日救亡运动领导人，声名卓著，因而国民党战区司令陈诚下令："务必促其转变立场，为本党所用。"

为了能够转变何功伟的立场，陈诚先是派出许多鄂西国民党的头面人物，与其辩论，但最终的结果都是让他们狼狈而回；接着陈诚又开出了三青团干事长、农业试验区主任等职务让何功伟挑选。面对如此多的高官厚禄，何功伟仍然不予理睬！后来，陈诚还以为国家、民族发展需要为由，决定送何功伟出国留学，但是何功伟却表示："除了苏联，其他地方不去！"

面对何功伟坚定的立场，陈诚最后下达死命令："用尽各种办法，一定要让他转变立场！"于是，国民党特务将他的父亲何楚瑛带到了牢房，试图以亲情说服何功伟。面对父亲一次又一次的来狱中劝说，他强压自己的感情，向父亲明确做出表示：绝不转变立场，不愿意在狱中再见到他！

父亲离开监狱后，何功伟看到年老的父亲为自己受苦担忧，心中非常难受。他用写信的方式向父亲做出了这样的倾诉：

"儿不肖，连年远游，既未能承欢膝下，复不克分持家计。只冀抗战胜利，返里有期，河山还我之日，即天伦叙乐之时。当局正促儿'转变'，或无意必欲置之于死，然按诸宁死不屈之义，儿除慷慨就死外，绝无他途可循。为天地存正气，为个人全人格，成仁取义，此正其时。行见汨罗江中，水声悲咽；风波亭上，冤气冲天。儿蝼蚁之命，死何足惜！唯内乱若果扩大，抗战必难坚持，四十余月之抗战业绩，宁能隳于一旦！百万将士之热血头颅，忍作无谓牺牲！睹此危局，死后实难瞑目耳！"

当何楚瑛看了儿子的信后，悲不自禁，放声大哭！他提上了一壶酒和几个菜又一次来到牢房。一进牢房，儿子见到父亲既是欣喜却又是气愤！父亲也不顾儿子的指责，拿出酒菜放在桌上，然后倒出三碗酒。

父亲端起第一碗酒对儿子说道："我今天来不是与你争论问题

的，是来给你道喜的！你的妻子在重庆给你生了一个胖小子！这样的喜事该庆贺，该喝酒吧？”

何功伟立即将酒碗一接，仰头就把酒喝下，便问道：“父亲该不单是来这里道喜喝酒吧！”父亲立即表达希望儿子能和自己一起出去和孙子团聚……听到父亲的意思，何功伟立即打断了父亲的话说：“父亲，您不要劝我！”

看着儿子如此坚决，老人只是哭泣着摇头！他用颤抖的手端起第二碗酒说道：“陈司令长官惜才如金，对你是恩重如山，让你做官为国你不愿，让你出国留学你也不愿，是非要往死路上走啊！你不为他所用，他必不留你，我这不是一手得孙、一手丧子吗？来，你再喝了这碗酒，就当我没你这个儿子……”

面对老泪纵横的父亲，不能为其尽孝，反而令他如此悲伤，何功伟接过酒碗一口痛饮而下，又再一次的向父亲表达自己坚定的立场。听了儿子的一番言论，父亲只是不断地摇头流泪。他端起第三碗酒突然跪在地上大声说道：“老夫自幼饱读诗书，自以为满腹经纶、教子有方！没想到今日面对小儿所作所为竟无言以答！他日杀你必是陈司令长官！老夫也只有收尸于北门之外。我一定在你的墓碑上刻上何少杰三字，以使你妻儿辨认！”说完后将酒泼洒在地，颤抖地站起来走出牢房。

何功伟突然失声叫道：“父亲大人！”他跪在地上向父亲重重地磕了三个响头！何楚瑛倚靠着牢门痛苦地看着这个死不回头的儿子。

1941年11月17日，陈诚下令在狱中秘密处决了何功伟。随着枪声响起，何功伟倒在血泊之中，殉难时年仅26岁！

在红岩的历史上，何功伟用他鲜血捍卫了真理，坚守了他的信念！“为天地存正气，为个人全人格”的豪迈气质也将永远成为我们时代主旋律中的红色最强音！

（讲解员　王灿）

中国第一粒味精的诞生

1922年暮春三月的一天，一位衣着朴素的年轻人，来到了上海聚丰园饭店，走进餐馆巡视了一周，挑了一个醒目的空位坐下来，向服务员点了一碗蔬菜汤，便开始了他精心策划的表演。他首先夸张的端起碗，喝了两口汤，皱了皱眉头、又摇了摇头，然后从衣服口袋里掏出了一个小瓶，将小瓶里的白色粉末倒了些在汤里，在此之后，他那有滋有味的神情，大有其味美不胜收之感。

他的一举一动，引起了餐馆里所有人的注意，旁边一位30多岁的商人立刻凑到面前，好奇地问："你这是什么东西，这东西哪来的？"年轻人自豪地回答："这可是好东西，它特别的鲜美，是我自己研制出来的。"商人感到非常疑惑："让我尝尝。"年轻人立刻端起蔬菜汤，递给商人品尝。商人喝了汤之后，对此赞不绝口。年轻人得意地说："此乃味中之精华，故名味精。"商人立刻问道："这位先生贵姓？"年轻人铿锵有力地回答："鄙人姓吴，叫吴蕴初。"

吴蕴初

大概餐馆的所有人都没想到，"味精"这两个字日后竟成为了一个调味品的通用名词，更没有想到面前这位器宇轩昂的年轻人吴蕴初，竟成为誉满中国的“味精之父”。

吴蕴初于1891年9月29日诞生在上海嘉定城内一个贫困的教师家庭里，自幼就特别爱好化学工业。1904年，年仅16岁的他为帮家庭减轻负担，独自一人来到上海兵工学堂化学科半工半读。由于刻苦努力，功课优秀，吴蕴初多次受到任教老师的表扬和青睐，从小就奠定化学工业的基础。

正当吴蕴初四处奔走漂泊的时候，一次偶然的机会，在街边的广告牌上看到了日本铃木商社的美女牌“味之素”。“味之素”是什么东西？一小瓶的白色晶体细粒，竟然售价4角。顿时间，吴蕴初产生了浓厚的兴趣。随即买了一瓶，准备回去化验化验。殊不知，这一举动，连他自己都不知道——他人生的转折到来了。

味精，是众所周知的调味品，它的发明至今104年，而在1923年之前，整个中国乃至全世界的调味品行业都是日本“味之素”的天下。同时，日本人对味精原料的提取工艺严格保密，企图长期垄断世界市场。当时，全国各地的大街小巷，随处可见日本“味之素”的宣传广告，“味之素”不仅广告做得好，而且其本身味道鲜香无比，在那时的中国，大多数的老百姓过的是穷苦的日子，吃不上山珍海味的他们，就是靠一点“味之素”，使平日的粗菜淡饭变得鲜香无比。

吴蕴初看着手中的“味之素”，他不禁琢磨起来：“味之素”为什么会这么鲜美？它的成分是什么呢？它的化学分子式又是什么呢？这玩意儿是如何造出来的……这些疑问不断地涌现在他的脑海，刚回到家他便带着这些疑问一头扎进书房，开始研究起来。

他将“味之素”提取成分反复化验，同时还大量的翻阅国外的化学书籍，很快便得到了实验的结果。“味之素”的成分原来是哥罗登酸钠（现称谷氨酸钠），属于氨基酸的一种，是可以直接从植物蛋白中提取的。

获得了这个信息的吴蕴初，非常地兴奋。他想，自己如能生产出这样的调味品，既可以发展中国基础化工业，还可以和日本人竞争，抵制制日本“味之素”在中国的销售，打败日本对中国的经济侵略。为实现这个目标，吴蕴初决定亲自实验、摸索。在与夫人吴戴仪商量之后，便把家里的亭子间改为实验室。

天橱味精商标

起初，实验进展并不顺利，但屡次的失败并没有让吴蕴初夫妇两人灰心。为了找出原因，吴蕴初总是把自己关在实验室里刻苦专研，有时候试管破碎，玻璃残片划破手指，他都毫不在意地继续工作。到了吃饭时间，面对妻子的呼喊声，他充耳不闻。与此同时，实验中不时逸出的硫化氢臭气、盐酸的酸味，使得街坊邻居抱怨声不断。为此，吴夫人只好挨家挨户地前往邻家去致歉，以求谅解，才缓和了街坊关系。

一年之后，吴蕴初终于掌握了从面筋中提取哥罗登酸钠的方法。

1922年，吴蕴初与夫人从离心机上取下了几十克白色的粉末，夫人用手指蘸了蘸放进嘴里，发觉味道特别鲜美，堪比日本的“味之素”。吴蕴初从夫人的手里接过这些白色粉末，把它们取出来重新化验，发现这些白色的粉末的成分就是他一直在寻找的谷氨酸钠，而且含量比日本的味之素还要高。他高兴地抱起夫人，眼眶里含着热泪：“是味之素、是味之素。”功夫不负有心人，中国的第一颗味之素就这样诞生在吴蕴初家的亭子间里。

天道酬勤，有志者事竟成！吴蕴初锲而不舍、始终如一，坚持要把属于中国人自己的味精做出来，这种信念支撑着他、鼓舞着他，就是舍弃了一切他都要去做！执着坚定的信念是他成功的基石。

（讲解员　熊珮）

中国工业史上的“敦刻尔克大撤退”

——卢作孚

曾经有一个中国代表团参观世界第一大汽车公司——丰田公司时发现，公司为了激励员工的积极性，把公司的一部分股权分给了员工，代表团当即对这种做法赞叹不已，丰田公司的代表却说，我们这种做法是学习你们中国人的。这个中国人指的就是卢作孚。他在上个世纪20年代创建的民生轮船公司，曾经是中国最大的民营轮船公司。毛泽东在评点中国近现代民族工商业的时候，曾提出“四个不能忘”，其中运输行业不能忘了卢作孚。

1938年，是中国进入全面抗战的第二年。就在这一年，国民政府临时陪都武汉被日军攻陷，三万多政府官员和难民，9万多吨战略物资和工业生产设备从武汉到达宜昌，等待撤往重庆。此时不大的宜昌码头，更因为堆积如山的货物、密密麻麻的人群变得异常杂乱，这个本来运力有限的港口几乎瘫痪。要将码头上的人、货全部运往重庆，还要冒着日本飞机的轰炸，没有人能想象出接下来是怎样的考验，没有人敢接下这个烫手的山芋。1938年10月23日深夜，卢作孚，这个重庆商人，临危受命，赶赴宜昌。此时接下这个担子，并不轻松，很多的问题甚至是卢作孚

卢作孚

来宜昌之前没有想到的。由于当时宜昌码头人员、货物如织，要全部运送去重庆不是一个小工程。卢作孚担任总经理的民生轮船公司只有24艘船只，按以往正常的运力，转移完所有的人员和物资，将用去一年多的时间，而一年多时间运送在战时紧急撤退的人员和物资是完全不现实的，可是，不仅如此，更为严峻的是，此时长江上游很快就要进入枯水期，水位下降的话，船舶无法正常航行，因此所有的人和货物必须赶在40天内全部运走。面对这些问题，在整整一个通宵的会议之后，卢作孚拿出了一份新的运输方案，他把所有能调用的船只全部用上，然后根据船的大小和航段的水位，把宜昌到重庆的河运分成三段。最笨重的，最难装卸的东西一次性运到重庆，装卸比较方便的先运至三斗坪或者万县。

10月24日早上，卢作孚出现在宜昌的码头，亲自指挥运输，就此，一场中国工业史上的“敦刻尔克大撤退”缓缓拉开了帷幕。这个混乱不堪的码头开始变得匆忙却有条不紊。每天早上，必有六七艘装满物资的船从宜昌开出去，每天下午也必有同样数量的空船回来，期间不曾间歇，一艘一艘的轮船不断地发出不断地靠岸。疯狂的日军无法容忍，越来越多的轰炸机出现在川江航道的上空。谁也无法料到，什么时候，恐怖的炸弹就会落到来往的轮船上。可是卢作孚带领的这个团队，民生轮船公司的所有员工无一人退缩，因为他们知道，身上扛起的，是中国抗战的未来。在撤退的最后阶段，卢作孚甚至不顾危险，登上轮船，亲自指挥。一次，在航运途中，日军轰炸机突然出现，卢作孚立在船尾，指挥轮船规避，只见一颗炸弹从天而降，卢作孚大叫一声“刹车”，轮船轰然停止。炸弹擦着船沿儿在水中爆炸。不幸的是，一艘旁边的木船被爆炸的余波摧毁，船上全员遇难。整整40天，宜昌港口上，2 000多名工人夜以继日地工作，民生公司的指挥中心，发报机24小时不间歇地工作，卢作孚和他的民生公司以超负荷的状态完成了撤退任务。

1938年12月，卢作孚一个人来到了宜昌的码头，此时的宜昌

民生轮船

码头，再也不见四十天前的喧闹，堆积如山的货物已全部运走，人员也被撤退一空。武汉大撤退历时四十天奇迹般的胜利了，可是卢作孚和他的公司却付出了极其惨重的代价。

民生轮船公司在整个40天的航运工程中，被炸毁轮船16艘，牺牲员工116名，受伤致残61名。这些人，不是政府公职人员，不领国家俸禄，可是面对国家危亡，明知随时有生命危险，却无人退出。就是他们在国家危难时体现出来的对这个国家民族的挚爱和不惜牺牲的勇气，就是他们用鲜血乃至生命完成的大撤退，顽强地撑起了这场关乎国家命运的大撤退，使得几十家兵工厂，几百家民营企业，各政府机构，科研机构成功迁往大后方，保住了抗战时期中国的工业命脉。而这种依靠个人和其民营企业的大撤退，在中外战争史上仅此一例，而组织、领导这场撤退的，就是卢作孚。

战火硝烟早已过去，艰难的40天也已成为了历史。如今，在中国民主党派历史陈列馆四楼的展区里，有三艘民生轮船的模型静静摆放着，它们似乎向驻足的观众诉说着七十多年前那个传奇的人，还有那些惊心动魄的历史画面。

（讲解员　张艳君）

王莹和谢和赓

1942年初春，重庆文化界掀起了一场反对王莹和谢和赓相恋的风波。这王莹和谢和赓是何许人也？他们为什么要被反对呢？

王莹，原名喻志华，芜湖人。1915年3月8日出生在安徽芜湖一个洋职员的家庭里。母亲是音乐教师，受其母的影响，她从小就喜欢上了音乐和文学，天生圆润嘹亮的好嗓子，被周围的人们称为"小歌星"。1930年5月1日，王莹加入中国共产党，党组织送她到上海艺术学院戏剧系学习，后来又到复旦大学中文系、中国公学学习。先后加入了上海艺术剧社、联合剧社、复旦剧社。她主演《酒后》、《约翰曼利》、《爱与死的角逐》等剧，曾获得冯乃超、阿英、夏衍、阳翰笙等老师的赏识，被誉为中国戏剧界不可多得的人才"女星之英杰"。当时曾流传"若是看话剧而不看王莹的戏，真是平生的一件憾事"。

王莹和谢和赓

而谢和赓则是一位曾先后担任过吉鸿昌、国民党军副参谋总长白崇禧、蒋介石大本营国防会议、国民党中央军委、第五战区司令长官李宗仁等人秘书的国民党重要工作人员。这样两个完全不相干的人，是如何认识相恋的呢？

原来，谢和赓早就通过银幕认识了王莹，他爱看她主演的电影。他喜欢她那纯真、朴实而又含蓄深沉的表演风格，他还经常在报纸上读到她写的作品。特别是当王莹与抗日救亡演剧二队的全体成员巡演到南京的时候，谢和赓特意驱车前往探望。尽管两人交谈不多，却彼此留下了好印象。从那日起，王莹的形象在他心中更是美好，而王莹也觉得谢和赓除了有才能外，又热情、直爽、爱国，没有国民党军官的种种恶习。1938年，当谢和赓在重庆再次遇见了王莹后，两人很快坠入爱河。

谢和赓和王莹恋情公布后，立马受到许多人的非议。当时，在重庆进步文化界，包括郭沫若、田汉、范长江等许多著名人士在内的进步文化人，都极力反对两人的爱情关系。他们认为谢和赓不是好人，王莹选择和谢和赓在一起，就是选择和国民党站一起，是见利忘义的行为！这是绝对不能容忍的。而国民党反动势力也反对两人在一起，他们认为这是共产党的阴谋，用美人计来接近谢和赓从而探取情报，所以给谢和赓的直接领导白崇禧写了大批的匿名信，要求为了党国的利益阻止二人继续在一起。

但庆幸的是，白崇禧没有被这些告密的匿名信蒙住双眼，他对于谢和赓的感情遭遇也是十分同情的。原来早在1933年时候，谢和赓就与白崇禧妻子的表妹结婚，但因为没有爱情，不到一年时间就分居了。后有广西政界上层要把女儿嫁给他都被他拒绝了，所以白崇禧十分相信自己秘书的生活作风，对匿名信置之不理，默许他们在一起。可进步文艺界反对二人相恋的呼声并没有因此消失反而增加了，大有不把二人分开誓不罢休的劲头。周恩来很快知道了这件事情，他觉得自己不能再坐视不管了，因为谢和赓的真实身份是中共秘密党员，他长期在敌人的巢穴中工作，不但得不到一般革命同志的友谊，反而常常被党内同志误解，甚至是唾骂，所以周恩来十分理解他的苦衷。在一次文艺界聚会的时候，周恩来也在，有人又把王、谢二人相恋的事情拿出来抨击。周恩来听后严厉地说道：“吹皱一池春水，干卿何事！大家还是不要管王莹的私事吧！”

在周恩来的关怀下，谢、王二人顶住了来自各方的压力，他们的爱情之花开得更加的艳丽，芳香。同时，周恩来还专门约见了王莹和谢和赓，要求谢和赓目前不能跟现任的妻子离婚。只有等时机成熟，解决了旧关系后二人才能论及婚嫁。在此之前，绝不能同居，也不能结婚，向外对任何人都只能说二人是定了婚的未婚夫妻。谢和赓和王莹对周恩来的关怀十分感动。

1942年，二人赴美留学，努力学习，为中国的统战工作而四处奔走。他们谨记周恩来的指示，不同居，不结婚，只是相互关心，把爱留在心中。直到新中国成立前夕，谢和赓才收到姐姐寄来的一份来自桂林市人民政府受理他离婚申述的判决书和一张登有离婚通告的《桂林日报》，1950年2月22日，这对相恋12年的恋人终于守得云开见月明，在华盛顿喜结连理。

（讲解员　廖艺文）

29天的婚姻生活

——龚澎

在红岩这块热土上，我们的革命前辈为了民族的独立，为了祖国的解放，为了人民的幸福，他们毅然地抛弃了个人的一切而义无反顾；为了革命的工作，他们有的离别了温馨的家庭，他们有的离别了自己的亲人，他们有的告别了自己的爱人。龚澎，就是其中之一。

她，燕京大学的高才生，1938年来到延安，先在马列学院担任翻译工作，后担任毛泽东的英语秘书，不久即随朱总司令到山西抗日前线，在晋东南八路军总司令部做过彭德怀的秘书。为了开展抗日民族统一战线工作，周恩来把她调到重庆八路军办事处，在南方局外事组做国际统战工作。

临行前，龚澎与自己刚刚结婚不到一个月的丈夫刘文华恋恋不舍的告别。她与刘文华是战地恋爱，两人的情感发展是随着烽火硝烟、经历了炮弹的洗礼！结婚后，由于他们各自的工作非常的繁忙，几乎没有一天的蜜月生活。他们相互鼓励、相互祝福了简单的话语后，刘文华就立即返回工作岗位，龚澎也挥泪踏上了新的征程！

龚澎

全国解放后外交部成立，周恩来兼任外交部部长，调龚澎担任外交部部长助理兼任情报司司长。因为她长期跟随总理，一直是周恩来同志身边一个得力的助手，为时长达30年之久。她才貌出众、热情机智，是当时重庆出色的新闻工作者。

1940年秋，龚澎来到重庆。由于路途的辗转，她还没有到红岩村，整个八路军办事处和南方局机关的人都知道她了！这是因为她未到，而丈夫刘文华的信早已到了许多封，所以龚澎一到红岩就迫不及待地一口气阅读完丈夫的好几封信件。

龚澎与刘文华认识是在1938年的除夕，龚澎第一次在八路军总司令部认识了留学德国到八路军来工作的刘文华。他是唐山交通大学毕业，研究水利的，后在德国深造。1936年入党，抗战后回国，到了山西抗日前线。他的才华、能力使龚澎倾心于他。1940年8月1日，他们在战地前线举行了结婚的简单仪式。然而，29天后，龚澎却接到命令被调到了重庆工作。

她的大量书信引起了周恩来的重视，当周恩来知道他们结婚才29天就分别后，很过意不去，并且表示立即请求调刘文华来重庆。但是，由于华北战事频繁，总部转移作战，未能够办成此事。这一对情深意笃的夫妻毅然把团聚的幸福推到抗战胜利之后，工作之余、战斗间隙，他们除了以共同的回忆聊慰寂寞外，只有依靠鸿雁传书来诉说衷情了。

在日寇扫荡的时候，龚澎已有三四个月未收到文华的信。直到1942年11月26日，她终于收到同学的信，才知道丈夫刘文华早已不幸病逝的消息。看完信后，她几乎失去理智的伤心大哭！她完全不能接受丈夫去世的消息，一时间她悲痛欲绝！

原来，收到刘文华去世的消息的时候，因龚澎当时正在病中且伤感父亲去世，为不让她过于伤感，周恩来决定暂时不把刘文华因为急性盲肠炎不幸去世的消息告诉她。此刻，面对哭得像泪人一样的龚澎，周恩来只好拿出刘文华在盲肠炎转为腹膜炎的剧烈抽痛中给她写的最后一封信，对龚澎说："是我不让把这消息告诉你的！这是文华同志在生命最后时候写给你的信，我现在把它交给你！我希望你要战胜自己，从痛苦中走出来！"然后，周恩来同志长长地叹了一口气，非常坚定地说："这就是国统区的工作特殊性啊！"

龚澎双手颤抖地接过周恩来交给她的信，一字一句哭泣地读道："我现经受着有生以来从未遇到过的苦痛。倘若我是普通的人，我宁愿自杀；但对共产主义者，这是懦弱的表现。我感觉，就是在与民族敌人面前苦斗，我一定会苦斗到最后一息。就是死，我也不愿违背共产主义的美德。……我的妻子我现正在深深地想着她。我如有不测，让她嫁人，她一定要得到幸福！只要她不脱离革命，她就永远是对得起我的。"

龚澎哽咽着，好几次读不下去，泪水迷蒙，什么也看不清楚。遗嘱的字迹和个别不甚周全的文字，表明了丈夫文华是在怎样的病痛中写的这封信啊！他是忍受剧烈抽痛向自己做了最后的倾诉啊！

在她痛苦伤心的时候，"战胜自己，从痛苦中走出来！"使她强烈地意识到周恩来所说的"国统区工作的特殊性"这话的分量！在她遭受丧父、丧夫的连续打击之后的第二天，她坚强地站了起来，像往常一样吃饭，像往常一样工作，深夜将自己在这二十多小时之内所经历的、体验的、思考的，全部倾泻在给吴青的信中。这封信是写给女友的，也是写给文华的，写给党的，严峻的斗争不允许她沉溺于个人的悲痛中。尽管这打击太猛烈、太突然、太狠！正如她在信中所说："像几卡车的装货，上面标记着'悲痛'、'失望'、'惊恐'、'苦恼'，要我一下子容纳起来，并且把它们消化，随着我的血液，流输到身体的每个细胞。你说这是什么滋味！"然而，在仅仅二十几个小时之内，龚澎她却做到了。在周恩来的支持下，这封以《纪念文华》为题的书信在1942年12月7日《新华日报》发表："……如果不是我对结婚非常慎重，他对我的柔情密意，体贴周

1945年9月16日，毛泽东（中）与美国士兵埃德尔曼·杰克（左）、龚澎（右）在红岩

到，……女性要求爱人的优点和追求真理的赤诚和勇敢，是会使我更早的和他结婚。……我们在住的小村落，一个隐蔽的山沟里，找到一棵杨树；在上面我们刻上了名字和结婚的日子。我们希望它能够和树一样的生长，三五年后有机会旧地重游，再看它是多么的欣慰。去年他还寄过从那棵树落下的一片残叶和蒙在树上的刻字后用铅笔涂录的纸片给我呢！我们过了29天的结婚生活……我也记得，我抵渝后接到许多他寄给我并且先我而到重庆的信；我也记得人们在笑我粉红信笺来得频繁，他忠实地按照规律至少每十天给我一信并编成页码。”

虽然他们是死于缺医少药，死在病床上，并不轰轰烈烈，但就他同疾病和痛苦搏斗的无畏气概，他们在死亡面前保持着坚定的信念和无私的襟怀，与那战死在敌人屠刀下的革命烈士一样伟大。他们这些在时代的暴风雨中出生入死的战斗伴侣，经历了多少生离死别，他们懂得什么是壮烈的死，什么是苟且的生，他们渗透了生死，识透“感人的永别，永别的感人”。

龚澎既有男人一样宽广的胸怀，又有女人一样细腻的情感；既有理想主义的事业心，又有现实主义的责任感；她既是浪漫的妻子，又是温柔的母亲。

（中国民主党派历史陈列馆副馆长　陈红）

国民党高层里的共产党员

——阎宝航

在抗日战争时期，重庆渝中区两路口的重庆村17号远近闻名，重庆村是一个有着17栋房屋的住宅区，17号位于这个住宅区最靠边的一栋三层楼房，这里一直是流亡学生、难民和革命者的栖身避难处。因其主人姓阎，因此得名“阎家老店”。

“阎家老店”的主人是张学良的挚友，蒋介石和宋美龄身边的“红人”，却又同周恩来保持着单线联系的“神秘人物”，他就是中国共产党在隐蔽战线上的传奇人物阎宝航。

阎宝航1895年4月6日生于辽宁省海城市望台乡小高丽房村。1918年毕业于奉天两级师范学校。1918年4月创办了奉天贫儿学校，得到程砚秋、张学良、郭松龄等人的支持。曾留学英国，讲得一口流利的英语和德语。1921年，被基督教奉天青年会聘为青年部干事。先后组织“星期三会”、“启明学社”等团体讨论新文学，学习马列主义，探讨救国救民之路。

阎宝航

东北沦陷后，阎宝航追随张学良在关内组织抗日救亡运动，蒋介石夫妇看重阎宝航是张学良的高级幕僚，以及他的基督教背景，钦点阎宝航出任新生活运动总干事。

在陪都重庆，阎宝航交际众多，朋友广泛，在社会各界声望颇高，他同国民党要员几乎都有来往，作为蒋介石和宋美龄身边的红人，阎宝航得以周旋国民党核心领导层和美英德国的外交圈七年之久。

1937年9月，经周恩来和刘澜波介绍，阎宝航秘密加入中国共产党。在决定吸收阎宝航加入中国共产党时，是经过了毛泽东、董必武、叶剑英最高层领导的批准。入党后他的真正身份，只有中共南方局的领导核心周恩来、董必武、叶剑英与李克农知道。

1941年春天，周恩来找他谈话，说共产国际、苏共希望帮助他们搜集包括蒋介石本人及国民党的一切军事、政治、外交的动态以及经济、文化各方面的情况。

1941年5月初的一天，以国民党高级官员为主的一个小型宴会上，国民党元老于右任，悄悄告诉阎宝航说："德国马上就要进攻苏联了，时间大概是在6月20日前后一个星期。"

阎宝航听到这个消息时，心跳都加速了。为了确认消息的准确性，他装着漠不关心的样子，又不动声色地向孙科打听，孙科回答说："是委员长亲自告诉我的。"听了孙科的话，阎宝航立即借故提前退出了酒会，让交通员李正文将这份重要情报立即传递给延安。

当时共产国际远东情报局在延安有一个联络小组，他们也是苏联红军总参谋部的情报人员。他们拿到这份情报后，立刻将此情报告给苏联方面。

1941年6月22日凌晨，德军向苏联发动进攻。由于事先掌握信息，苏联及时进入备战状态。正是由于这份情报及时、准确，使苏联免遭灭顶之灾。1941年6月30日，苏德战争爆发后的第8天，斯大林特意给中共中央发来了一封感谢的电报。这是阎宝航情报生涯的第一次杰作。

1941年11月，国民党军政部所属的军用无线电台总台第四十三台，破译了日军即将偷袭珍珠港的密电。阎宝航及时获知了这份战略情报，延安收到情报后，立即通告苏联，并由苏联转告

美国，傲慢的美国人并不相信中国电台有破译日军密电的能力，这一重大情报没有引起美国人的警觉，珍珠港事件爆发后，证实了阎宝航情报的准确性，他因此受到共产国际情报局的表扬，这是阎宝航情报生涯的第二次杰作。

新生活运动时期的阎宝航与蒋介石夫妇

1945年8月9日，当苏联红军向日本关东军打响第一枪的时候，由于阎宝航及时获取整个关东军的详尽情报：包括所有部队的分布，秘密要塞的位置，军事交通的地图，武器装备和给养的清单，甚至还有日军所有连级以上指挥官的花名册，苏联红军由于拥有情报上的绝对优势在随后接收东北的行动中占尽先机。令曾经不可一世的日本关东军在短短一周之内便被彻底消灭。这条情报缩短了“二战”的进程。这是阎宝航情报生涯的第三次杰作。

1946年9月，鉴于阎宝航已经被国民党特务列入了黑名单，中共党组织安排他返回东北家乡，担任辽北省政府主席。

1995年5月9日，俄罗斯卫国战争胜利50周年仪式上，罗高寿大使说，阎宝航同志1941年6月16日，提前向苏联提供了关于德军进攻苏联日期的准确情报。在二次大战最后阶段向苏联提供了日本关东军在东北的详细军事部署资料，这对苏军打击日本关东军起到了重要作用，这些都将载入世界人民反法西斯战争的史册，“阎宝航的功绩是俄罗斯人民的宝贵财富，也是中国人民的宝贵财富。”

（讲解员　袁惠明）

红岩联线

CHONGQING HONGYAN

CENTER CIRCUIT MANAGEMENT

第二部分

事件篇

毛泽东在重庆

1945年8月，经过了八年的浴血奋战，中国人民终于迎来了抗日战争的最后胜利。然而战争的硝烟尚未散尽，国共之争再次成为国内外关注的焦点。蒋介石为了独揽政权，仍未放弃消灭共产党的意图。立即发动内战，蒋介石在军事上还没有做好准备，大批军队还未到达指定位置。权衡利弊后，蒋介石摆出一副和平的姿态，在1945年8月14至23日这不到十天的时间里，接连发出三通电报邀请毛泽东同志到重庆共商"国家大计"。其真实目的是制造和平的假象，争取战争的准备时间。

为了顾全大局，毛泽东同志不顾个人安危，毅然决定到重庆与蒋介石进行和平谈判。

1945年8月28日，毛泽东、周恩来、王若飞在美国驻华大使赫尔利、国民党政府代表张治中的陪同下，从延安乘专机来到了重庆。

桂园

重庆谈判期间，身为国民政府政治部主任的张治中，将自己的私人官邸——桂园，提供给毛泽东作为白天办公、会客及与国民党谈判的场所，而且为了保证毛泽东和周恩来的安全，还精选了一个手枪排负责桂园的内围警卫。当时负责外围警卫的是国民党宪兵第一团，团长蔡隆仁接到任务后丝毫不敢大意，但很快他就遇到了一件十分棘手的事情，就是主席办公累了，常常出来散步，有时在院子里走走，有时走出围墙、走出大门，甚至一个人走到大马路上去了。上前劝阻吧，不敢。请周恩来代为传话吧，又不便，报告上司吧，又显得无能，真是伤透了脑筋。一天蔡隆仁就把这件事和他的同乡钱剑夫说了，钱先生就给他想了一个办法。他写了一张纸条交给蔡隆仁说道："你把这张纸条找机会交给毛先生，他看后就不会随便出来散步了。"一张纸条会有这么大的作用吗？纸条上到底写了什么呢？

《双十协定》签字处—桂园客厅

原来钱剑夫的纸条上只写了十六个字："晨风如厉，向露为霜，伏莽堪虞，为国珍重。"用今天的话来说，这四句话的意思是：形势严峻，要严防别人的暗算，切忌随意走动。钱先生以寒风、霜露比喻当时的政治空气，贴切含蓄。最后一句"为国珍重"，更是语短情长，蕴含着无限的期望、尊敬和重托！毛泽东博览群书，精通古典文学，他立刻领会到，这寥寥数语，饱含着大后方的有识之士的良苦用心和深情厚谊！他非常感谢好心人的提醒，欣然接受了这个"限制他行动自由"的意见。

在重庆，毛泽东不但向各界人士宣传共产党的政策，而且还主动接触国民党的各方人物，他说："国民党是一个政治联合体，要作具体分析，也有左中右之分，不能看做铁板一块。"可是，对于毛泽东登门拜访国民党核心人物戴季陶、陈立夫这样的反共分子，身边的工作人员却是非常困惑。毛泽东解释道："他们确是一贯反共的，但是我们来重庆干什么呢？不就是为了跟反共头子蒋介石谈判吗？要解决问题光找左派不行，他们是赞成与我们合作的，但他们不掌权。国民党现在是右派当权，要彻底解决问题还要找右派，不能放弃和右派的接触。”

毛泽东到重庆的第三天，便去陶园拜访戴季陶。第一次国共合作时期，他们曾在广州共事，后来因政治分野，自然成为陌路人乃至政敌。毛泽东的主动拜访，使戴季陶既措手不及，又感慨系之。

9月20日，毛泽东在秘书王炳南的陪同下，又登门拜访了陈立夫。寒暄后，毛泽东忆起了第一次国共合作的往事，称那是国共两党的“一段蜜月期”。陈立夫说，那段时期正在美国读书。毛泽东接着批评国民党的剿共政策，说：“所谓‘石头过刀，茅草过火’，厉害得很啦！我毛泽东被追得东奔西跑，好不难堪哟！这段历史你经历了吧！”陈立夫连忙掩饰说，这都是过去的事，无须再提。毛泽东继续说：“我们上山打游击，是国民党剿共逼出来的，是逼上梁山。就像孙悟空大闹天宫，玉皇大帝封他为弼马温，孙悟空不服气，自己鉴定是齐天大圣。可是，你们却连弼马温也不给我们做，我们只好扛枪上山了。”陈立夫立即表示，国民党在过去有许多要检讨的地方，这次国共和谈，愿意“尽心效力”。

重庆谈判历时43天，最后以达成“双十协定”而告落幕。这个协议后来虽然被内战的硝烟所焚毁，但是，在陪都重庆的大舞台上，以毛泽东、周恩来为代表的中国共产党人，在短暂的时间里迅速在政治上变被动为主动，赢得了民心，让全国人民看到了中国共产党人求和平、求民主、求民族复兴的诚意和决心。这也让重庆谈判在中国的革命历史上留下了浓墨重彩的一笔！

（讲解员　袁惠明）

皖南事变与《新华日报》

曾经，一部电影影响了几代人。这是一部献给周恩来总理的彩色电影，名字叫做《报童》。影片以皖南事变作为背景，形象地刻画出了以周恩来同志为中心的中国共产党人以及报童们为揭露真相做出的努力抗争。很多青少年甚至是从这部影片记住了几个名词，“皖南事变”、“周副主席”、“新华日报”。当这些青少年慢慢长大，他们才会真正明白这些名词的历史含义。

皖南，是指安徽南部。在1941年1月4日，新四军军部及所属部队九千余人奉国民党命令北移，6日，当部队途径安徽茂林地区时，突遭国民党军队8万余人的包围和袭击，经过7昼夜的浴血

八路军驻重庆办事处外景

奋战，终因寡不敌众，除2 000多人突围外，大部分壮烈牺牲。军长叶挺被扣押，副军长项英被杀害。这就是震惊中外的“皖南事变”。

1月17日，在国统区重庆的红岩村八路军驻重庆办事处，所有的工作人员都集中在二楼的过道上，大家在焦急地等候，等待从城内回来的周恩来同志能给他们带来新四军化险为夷的让人安心的好消息。然而，这一天，周恩来同志带回的却是噩耗。周恩来同志在介绍完皖南事变的情况后，稍作了停顿，面色凝重继而说道：“局势的发展有两种可能，国共两党藕断丝连的局面既有可能继续维持下去，也有可能一刀两断，全面破裂，但是我们应估计到最困难最危险最黑暗的可能，要随时准备反击反动派的突然袭击，要准备被捕、坐牢甚至被杀头！不管形势如何严峻，我周恩来和同志们在一起。要牺牲，我们一块牺牲！”正是周恩来的这番话，给了所有同志不畏生死、冲锋陷阵的勇气和决心，大家以更大的热情投入到了接下来紧张而忙碌的工作中。

为了揭露国民党顽固派的阴谋，按照周恩来同志的指示，《新华日报》的工作人员决定在报纸上刊登皖南事变的真相。《新华日报》作为中共在国统区唯一合法的报刊，为宣传抗日民主起到了积极的作用，但是，也是因为如此，它从诞生之日起就遭到了国民党顽固派的迫害和压制，尤其是在没有新闻自由的国统区。当时的国民政府在统治时期出台了大量审查新闻舆论的“法令”、“法规”，这样，国民政府的新闻检查变得密如天网。在1938年11月，国民党中央作出《确立战时新闻决策的决议》，决定从第二年4月1日起，所有出版书刊，“未经原稿审查者，概予依法取缔。”这就意味着，《新华日报》的每一篇报道都必须经过国民党新闻检查机关的审查。1月17日，当刊登有揭露皖南事变真相的报道及社论送至国民党新闻检察机关后，果不其然，不准刊登！凌晨两点，报社的同志将这一紧急的情况汇报，离出版发行的时间只有短短几个小时了，是刊登还是不刊登，《新华日报》同仁决定在原本报道和社论的版面不刊登任何内容也就是以“开天窗”的方式进行抗议。周恩来同志得知后，怀着极大的愤慨，对来报告的同志说道："你回去告诉章汉夫，把被检扣的两个地方用别的消息补上，印几张样报送去应付检查，把我要另写的东西放在那两个地方，不送检查，大量印发。"

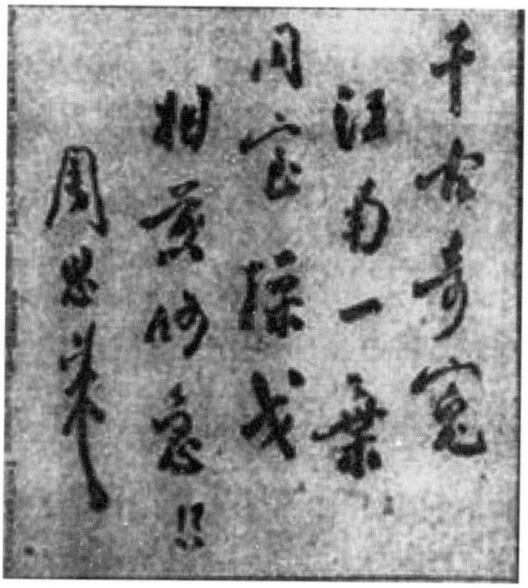

皖南事变后周恩来在《新华日报》上的题词

当周恩来静下来后，坐在二楼办公室他的那张藤椅上，他眼前浮现的是新四军7 000余战士浴血奋战的景象，是远在安徽战士的生命，为国而捐躯的生命！想到这，周恩来提笔在报纸开天窗的部分写下了"为江南死国难者志哀"的挽词和"千古奇冤　江南一叶　同室操戈　相煎何急"的哀诗。

18日一早，印有周恩来同志两幅题词的《新华日报》出版了，这一期的《新华日报》为人们所铭记，这是以周恩来同志为中心的中共中央南方局、《新华日报》与国民党顽固派一次最直接的抗争，更被人们所称道的，便是这"开天窗"的题词。当天，出版的《新华日报》受到山城人民的争相购买，同时，国民党的宪兵、军警等见到《新华日报》就抢就撕，看见《新华日报》的报童就殴打，于是，就发生了电影《报童》当中那真实的一幕，周恩来同志亲自带领工作人员上街向群众发送报纸。而这一天，《新华日报》的发行量猛增了5倍。

《新华日报》开天窗的题词只是皖南事变后中国共产党与国民党顽固派抗争的一个部分，在中共的不断抗争下，国内外舆论的强大压力下，蒋介石不得不表示"保证以后绝无剿共的军事"。至此，国民党的反共高潮被打退。

（讲解员　张艳君）

下关惨案

1945年8月15日，日本天皇发布投降诏书，宣布无条件投降，经过了八年的抗日战争，中国人民终于迎来了期待已久的胜利。由于第二次国共合作是在共同抗日的基础上产生的，国共双方始终存在着许多利益差别，因此抗战胜利已成定局，国内形势将会发生重大改变，和平与内战两种可能性并存，国共之争再次成为了国内外关注的焦点。

为了争取和平民主建国，毛泽东于1945年8月28日亲赴重庆参加谈判，最终签订了著名的《双十协定》，双方在协议中同意避免内战、和平建国，共同推动政治民主化、军队国家化，以及多党制民主联合政府。基于这种精神，1946年1月10日，国共双方为进一步商讨和平建国遇到的实质问题，约集各民主党派和社会贤达在重庆召开了政治协商会议（史称“旧政协”），通过了和平建国纲领、关于军事问题的协议、关于国民大会的协议、关于宪法草案问题的协议、关于改组政府的协议等五项有利于人民的协

和平请愿团前往南京

议。1946年2月10日，“旧政协”墨迹未干，国民党当局便制造了震惊全国的“较场口事件”。

随后不久，1946年6月，为了“接收”共产党从日军手里解放出来的城市和战略要地，蒋介石集团又在美帝国主义的支持下连续运送5个军到东北，大举进犯东北解放区，并且还调集26个师约30万人，将中共中原军区6万多部队重重包围在湖北宣化店一带，先后发动240多次进攻，妄图一举消灭中原部队，由此形成了关外大打、关内小打的严重局面，内战危机日趋严重。为了制止全面内战的爆发，中共派出了以周恩来为代表的代表团，到南京与国民党进行和平谈判。美蒋集团仍然在“调停”、“谈判”的幌子下，继续发动全面内战，这种骗局激起了全国人民的强烈不满。

面对此时蒋介石不顾人民休养生息的意愿，执意挑起战争发动全面内战的举动，甚至发出“三个月可击破共军”、“六个月可完全解决共产党问题”的反革命叫嚣，煎熬着许多爱国民主人士的心，他们纷纷发表声明进行强烈谴责。

在各种舆论的压力下，蒋介石被迫以退为进，宣布在东北休战15天，一方面是想借以争取时间，加紧做好全面内战的部署；另一方面则是想在向共产党施加军事压力的同时，进一步欺骗舆论，把

反对内战的游行活动

发动内战、破坏和平的责任推给共产党。1946年6月23日，由中国民主促进会（简称“民进”）、中国民主建国会（简称“民建”）以及上海各人民团体联合会等爱国民主人士共同组成的和平请愿团启程赶赴南京向国民政府呼吁和平。

经过了长达8个小时的艰难旅程，列车终于抵达了南京下关车站。这时早有大批伪装成“学生”、“难民”的国民党特务在此“等候”。代表们在下关车站刚下车，“学生”和“难民”们就蜂拥而上，推推搡搡，拳脚交加，对代表进行纠缠、刁难、谩骂和殴打，代表们被有计划地分割包围，挤进了候车室和西餐厅。在长达5个多小时的围困后，伺机行凶的“学生”、“难民”们一拥而上，将民进领导人马叙伦、爱国民主人士阎宝航等人打成重伤，制造了震惊中外的“下关惨案”。

“下关惨案”发生之时，国民党当局置若未闻，经中国民主同盟和中共代表向邵力子、李济深、马歇尔等人的紧急呼吁，直至深夜12点，当局才派出宪兵赶到下关车站，此时暴徒早已扬长而去。

“下关惨案”发生后，中共代表团团长周恩来以及董必武、邓颖超等闻讯即刻赶往医院看望。周恩来向代表们一一慰问，并严肃地

南京下关车站

说："你们的血是不会白流的！"马叙伦对周恩来说："中国的希望寄托在你们身上。"邓颖超得知代表们还没有吃晚饭，便立即派人到中共代表团驻地取来食物。随后，冯玉祥、沈钧儒、邵力子、罗隆基等也连夜赶到医院探视受伤代表。

"下关惨案"是中国民主运动史上的重要事件，它使许多爱国民主人士彻底认清了蒋介石国民党反动政权的性质，也开始使许多民主党派放弃中间道路和议会斗争的做法，转向支持拥护中国共产党推翻蒋介石集团。正如马叙伦对周恩来所说的："中国的希望只能寄托在你们身上了。"因而"下关惨案"后，各民主党派与中共结成了广泛的反蒋统一战线，使国统区内的爱国民主运动出现了前所未有的新高潮。

（讲解员　龚菲）

红岩联线

CHONGQING HONGYAN

CENTER CIRCUIT MANAGEMENT

第三部分

文物建筑篇

抗战胡子与“二我合影”图

在中国民主党派历史陈列馆里珍藏着这样的一张黑白照片，照片上的两人看似父子，又似兄弟，照片上题曰：“抗战胜利，父子昆季，勿怠勿忘，岂以为戏。”它拍摄于抗战胜利之后的重庆……

1945年9月18日这天，在重庆小龙坎路边的一家理发店，走进一位中年男子，年约40岁，身形消瘦，最引人注意的便是他的胡须，竟长达盈尺。男子刚落座，便对理发师说道：“今天我不仅想理发，还想把这满脸的胡子剃掉。”并谈及自己当年蓄须的经过和目的，理发师听后连声说：“好！好！好！该剃！该剃！”这位中年男子走出理发店迅速来到了一间照相馆，拍下一张照片，并将剃须前后的照片合印在一起。

二我合影

这位中年男子正是我们今天要讲述的主人公——旧上海滩赫赫有名的“机械大王”胡厥文，在他那盈尺长的胡子里到底蕴藏了一个什么样的故事，使得理发师连声说好呢？让我们把时间拨回至1932年初，那年上海的冬天，似乎特别的冷……

1932年1月28日晚11点30分，一阵清脆的枪声划破了上海漆黑的夜空，日寇向闸北地区发动了大规模的武装进攻，负责驻防上海的国民政府第十九路军立刻予以还击，誓死抵抗，震惊中外的“一·二八”淞沪抗战爆发了！

淞沪抗战爆发后，日本出动了陆军、海军、空军等精锐部队多达4万余人，数十艘军舰出现在黄浦江上，开始对上海进行狂轰滥炸，大量屠杀中国百姓。在日本出动的32艘军舰中，有一艘名叫“出云”的旗舰尤为特殊，攻打上海的很多重要会议都是在这艘军舰上进行的，可以说这里就是日军进攻上海的指挥部，如果能将其炸掉，不仅可以打击日寇的嚣张气焰，还能鼓舞前线战士的抗战情绪。可是“出云”舰排水量近万吨，要将这样一个庞然大物炸毁谈何容易呢？何况此时前线弹药紧缺，又得不到国民政府的及时补充，炸毁“出云”舰更是难上加难。此时上海滩赫赫有名的“机械大王”胡厥文主动提出，表示愿意协助义勇军完成这项任务。

胡厥文出生于晚清时期上海市嘉定县一个开明绅士之家。青年时的他眼看着西方列强在我国肆意的欺压中国人民，总是愤恨不已，他认为一个国家不发展实业，就无法在政治上和经济上实现独立，于是他考入北京高等工业专门学校，选择攻读机械制造专业。毕业后在亲友的资助下，他创办了自己的第一家工厂——新民机器厂，生产的机器以其优良的品质、低廉的价格深受用户的欢迎，同时胡厥文也被同行称之为“机械之友”。

当时由于“出云”舰停靠在虹口武昌路的三菱码头附近，那里距日本驻沪领事馆很近，因此戒备十分森严，一般人根本无法接近，所以经过胡厥文和义勇军的反复商量讨论，大家一致决定由潜水员将水雷带至军舰附近，再适时实施引爆。

3月1日这天，胡厥文等人带着水雷来到黄浦江边，按照计划炸毁“出云”舰。可是这枚自制水雷重达200余公斤，如果单靠潜水员的力量是根本无法成功的将水雷运至军舰周围，于是大家又找来了40个空的火油桶捆绑在一起，把水雷固定在下面，利用油桶的浮力运送水雷。第二天的上海《申报》以《昨午水雷爆发，日舰“出云”几被炸毁》为题，记录了这一壮举：

“昨日下午1时许，在出云舰之外档，约距该舰有四码之远，江内突生水雷轰炸之声。此水雷炸力巨大，轰然一响，江面之水乃飞起数丈之高，而沿黄浦江之地皮均被震动，附近房屋亦为之撼动，出云舰受震，摇荡不定。若距离稍近，该舰必难幸免。”

虽然最终没能将军舰炸毁，但仍然极大的鼓舞了大家团结抗战的信心。3月3日，国民政府强令十九路军退守嘉定、太仓一线。至此，历时33天的“淞沪抗战”宣告结束。

淞沪抗战爆发后，为了给十九路军提供后勤保障，胡厥文有时甚至连一日三餐和起码的睡眠时间都得不到保证，更别提每天还要花时间去修整边幅了。几日不见，他早已满脸的胡须，被大家笑称为“美髯公”，而《淞沪停战协定》的签订，使他悲从心来。为了牢记祖国的苦难，他从此立誓留须，表示：“蓄之以记国难，等赶走

出云舰

了倭寇时再剃须。”从此，这胡须伴随着他出生入死长达14年之久，直至1945年抗战胜利，而他那盈尺长髯也被大家称为“抗战胡子”。在剃须之后，他还将自己剃须前后的照片合印在了一起，并将照片取名称为“二我合影”图。胡厥文的“抗战胡子”现保存在嘉定博物馆。

（讲解员　龚菲）

一张珍贵的照片

在红岩革命历史博物馆里珍藏了这样的一幅珍贵的历史画面，照片上邓颖超怀抱了一个小男孩，并为照片配诗一首："大乐天抱小乐天，嘻嘻哈哈乐一天。一天不见小乐天，一天想煞大乐天。"上款是《题双乐天图》，下款是"赛乐天书"。照片中小孩是谁，为什么取名"小乐天"？而这"赛乐天"又是谁呢？

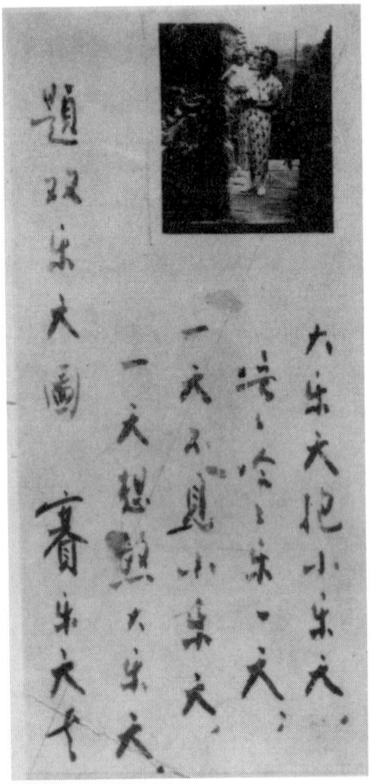

《题双乐天》

原来照片中的小孩名叫荣韦民，是中共中央南方局组织部秘书荣高棠、管平夫妇的大儿子，当他只有几个月时便随父母来到了红岩村大有农场内居住，随着时间一天一天的过去，小孩渐渐长大，整日嘻嘻哈哈，是个乐天派，因而起了个小名——"小乐天"。

1937年"七七"事变爆发后，日本帝国主义向我国发起了全面进攻，在中华民族生死存亡之际，以国共两党合作为基础的抗日民族统一战线在全国范围内迅速形成。经过国共双方协商，将中国工农红军改编为八路军，南方八省红军游击队改编为新四军，并相继在南京、武汉，上海等地建立了公开的办事机构，中共各地的党组织也大都秘密设在其中。

邓颖超关心小朋友

八路军重庆办事处成立后，中共中央先后从武汉、贵阳等地抽调了一大批年轻的同志充实到这个战线上来。随着人数的不断增多，办事处原有的房屋逐渐不敷使用，不便开展工作，于是通过办事处长钱之光、周怡等人多方的选址，办事处决定搬往重庆郊区红岩嘴13号的大有农场内。

小乐天就是红岩村的第一个小孩，当时荣高棠、管平夫妇住在周恩来、邓颖超夫妇对门，小乐天特别喜欢周恩来夫妇，常常围着周恩来夫妇蹦蹦跳跳的玩耍，每次只要邓颖超出门办事，小乐天总会跑到办事处的大门口等待邓妈妈回来。周恩来见这个孩子整日嘻嘻哈哈，无忧无虑，就叫他“小乐天”，并称邓颖超为“大乐天”，自称“赛乐天”。这天，邓颖超又外出办事，小乐天如往常一般在办事处的大门口玩耍，等着邓妈妈回来。忽然听见一阵汽车的声音，随后便见邓颖超缓缓地向办事处大楼走来，小乐天一见是邓妈妈回来了，便欢天喜地地喊着“邓妈妈，邓妈妈……”便迈开他小小的双腿，向邓颖超飞快奔去……

如此温馨的一幕被恰好路过的机要科科长童小鹏看见了，一向酷爱摄影的童小鹏立即拿出了随身携带的相机，按下快门，留住了这个温暖的瞬间。周恩来看到这张珍贵的照片之后，随即题了一首诗，并向红岩救亡室的墙报投了稿。

红岩的生活是紧张而又艰苦的，环境也是险恶的，虽然周恩来和邓颖超没有孩子，但他们比谁都更关心孩子们，他们对孩子的关爱和那种革命的乐观主义精神深深感染了大家。

办事处的小朋友一天天的增多，有时候小孩的哭闹吵得大家根本无法工作。平日里办事处的工作就十分的忙碌，特别是在皖南事变后，国共关系尤为紧张，许多父母在紧张的工作之余还要照顾孩子，更是忙得不可开交。为了解决工作人员的后顾之忧，1942年春，在邓颖超的提议下，大家把孩子们集中起来，办了个托儿互助组，由妈妈们轮流看管孩子，每天一个人值班，这样其他人就可以安心地工作了。后来互助组的孩子日益增多，于是就在办事处楼外三四百米的几间小平房办起了托儿所，并安排了专职人员到托儿所工作。

托儿所开始时，缺少玩具，只有一个滑梯和一个自制的秋千、一个翘翘板，孩子们常常因为轮不到玩而哭闹，有时因此而打架，于是同志们一齐动手做了各种玩具，有手枪、冲锋枪，还有大小卡车、动物车、推土车，妈妈阿姨们也做了布娃娃、线布球、毽子和各种叠纸。担心托儿所的孩子营养不够，周恩来、邓颖超还专门找了一本有关儿童营养方面的书，让办事处的采购副官给孩子们多买一

红岩村托儿所

些营养丰富的食物、水果。周恩来、邓颖超就是这样无微不至地关心着红岩的孩子们。

红岩托儿所，特别强调对孩子进行红色教育，培养他们对革命的信仰和无产阶级的感情，使孩子们从小就产生对党、对人民和领袖的热爱。

1945年8月，毛主席从延安飞到重庆同国民党蒋介石谈判，白天出门办公，晚上就回到红岩村居住。晚上睡觉前，小乐天就问他妈妈：有人给他挂帐子吗？一句话让大人们在感动中切实体会到了托儿所教育的意义。

托儿所是红岩孩子们愉快而幸福的成长乐园，即便在70年后，红岩的孩子们早已年逾古稀，但回忆起当时的点点滴滴仍然充满了欢声与笑语。

（讲解员　龚菲）

《参政员毛泽东在渝市之动态》

在重庆中国民主党派历史陈列馆一楼陈列厅里，有一本纸质文物，它是镇馆之宝，国家一级文物。牛皮纸包装，高27.5厘米，宽19厘米，封面上除有墨笔写上的报告名称外，还写有民国三十四年八月二十八日至九月卅日字样。内部用蓝格专用公文纸小楷字体书写。这份就是——《参政员毛泽东在渝市之动态》(以下简称《动态》)。这是重庆谈判期间国民党特务分批分次监视毛泽东等中共谈判代表出行活动的监视报告。

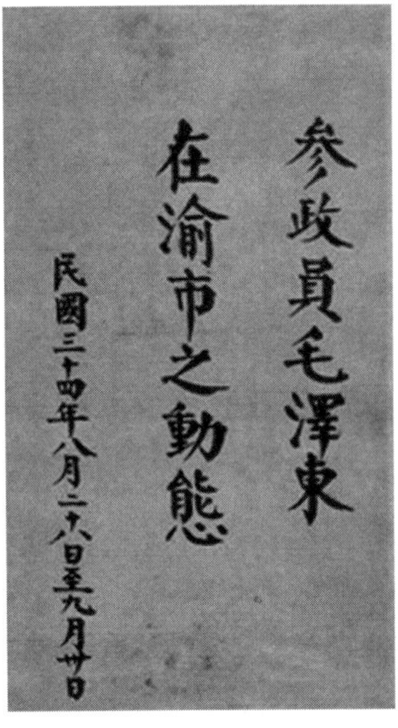

参政员毛泽东在渝市之动态

《动态》报告共10份40页，合订为一册，从毛、周、王等1945年8月28日抵达重庆，至9月30日在渝谈判期间每天的活动情况。《动态》主要由时任国民政府宪兵司令部司令张镇负责，经整理后呈交给国民党军政部部长陈诚。每份报告上均印有“宪兵司令”方形阳文印鉴和蓝色“军政部部长办公室”收发印章，签收日期均为报告当日或次日，部分报告上还印有“宪兵司令印”印鉴及红笔断句和标识。

此报告完整详细地记录了毛泽

东等中共代表团在重庆谈判期间的活动。其时间记录详细到天、时、分，其人员记录详细到每个人，其所乘车辆记录详细到车号。如在8月30日内容中记有："下午四时四十五分周恩来乘2189号汽车至桂园，四时五十五分张部长陪同周乘车赴曾家岩主席官邸。""下午四时五十分毛泽东仍在红岩嘴办事处。""下午五时十五分毛泽东乘国渝2385号汽车至桂园。""下午八时许毛泽东、周恩来等在桂园应张部长之宴，并有邵秘书长力子、左舜生、傅斯年、王云五、黄炎培、张澜、章伯钧等作陪。""下午八时三十分叶楚伧、邹鲁、吴铁城、孙科来桂园访毛泽东，至十一时一刻始辞去。十二时毛、周、王等返办事处"等。同时这份报告也为历史作出了佐证，纠正了错误。现如今已有许多关于重庆谈判的书籍资料，这些文章既有当事人的回忆，也有文学家依据有关资料的杜撰。但重庆谈判距今已经过去六十多个年头，有些回忆或追忆就难免出现差错和失误，而这一份报告的出现就正好弥补了对历史验证的缺陷。如有文章记录关于原上海《新民晚报》社长赵超构先生在重庆谈判期间毛泽东单独接见他，从上午九点一直交谈到晚饭后，时间长达接近十个小时。但在《动态》中对这一事件有清晰记录："下午三时有新民报记者赵超构访王炳南，旋与王乘吉普车往上清寺方向。按赵前曾随中外记者团访延安，著有延安一日。"可见上述这篇介绍赵先生生平的文章有误。其次，在记录中，毛泽东上午办公或会见客人仅有一次，即8月31日上午9时许会晤沈钧儒、张澜等人，可以说毛泽东在重庆谈判期间仍按自己习惯的上午休息，下午和晚上办公的方式工作和生活；三是在毛泽东会见诸多客人中，均未有长达数小时的谈话记录；四是从报告中可以看出毛泽东在重庆期间的工作十分紧张，抽出近十个小时同赵交谈的可能性也不大。

为征集这件文物到重庆，整个拍卖过程也是惊心动魄。2007年5月11日，国家文物局鉴定委员会专家夏传新等致电红岩革命历史博物馆厉华馆长，北京海王村拍卖公司最近从台湾原国民党军政部部长陈诚家属手中征集到到有关重庆谈判的重要资料，名为《参政员毛泽东在渝市之动态》，将于近期拍卖。获悉后，厉馆长马上向市委领导汇报，领导们得知这一消息后也认为这么珍贵的文物先买下再说。眼看拍卖日期将近，厉华跟拍卖公司协商："能否不拍卖，直接卖给重庆？"拍卖公司答复："不行，因为已发布了拍卖公告。"不过，拍卖公司建议厉华不要到京，因为担心重庆派人到现场后，会引来海外收藏机构、投资者抬价。5月13日13时45分，拍卖会如期在京举行。厉华通过手机跟现场拍卖师交流，参与竞拍。起拍价从10万元开拍，包括重庆在内，共有4家竞拍者。经过11轮竞拍，《动态》最终以15.5万元成交，花落重庆。此前同类文物一般在七八千元，但这件文物加上佣金共花了17.05万元，创下国内纸类革命文献的拍卖天价。

《参政员毛泽东在渝市之动态》虽是当时国民党所派特务对毛泽东及中共代表团的跟踪报告，但是其详细的记录恰为今天研究重庆谈判中共代表团的活动提供了最为详细、可靠的第一手资料，因此它的文物价值、历史价值、资料价值都是无可替代的。

（讲解员　王灿）

吴玉章的哭妻书

吴玉章，是中国无产阶级革命家，著名教育家，马克思主义历史学家和语言文字学家，新中国教育的开拓者，中国人民大学的创始人，他一生“艰苦备尝，始终不变”；英勇不屈、坚定不移、严以律己、宽以待人，是一位深受人民尊敬的忠厚长者。抗战胜利后，吴玉章随周恩来赴重庆参加政治协商会议。1946年6月，全面内战爆发，9月中共代表团离重庆去南京，吴玉章临危授命出任四川省委书记。他“坚持党命驻渝州”，为了配合解放区军民的斗争，要求地下党重庆市委加强农村工作，准备发动游击战争；同时，加强城市工人运动和学生运动，从各方面支持农村工作。正当吴玉章全身心地投入革命工作的时候，妻子游丙莲在乡下病重的消息传来，由于忙于公务，实在无法分身，吴玉章立即派儿子吴震寰回荣县照应。1946年10月24日荣县老家却传来了妻子游丙莲病故的消息！站在曾家岩50号的办公室里，吴玉章望着川流不息的嘉陵江，两行热泪夺眶而出！他与妻子结婚50年，然却因奔波革命工作，前后只与妻子相处不到6年的时间！自己几十年奔走革命，颠沛流离，很少能顾及家庭，妻子游丙莲在家含辛茹

吴玉章

苦，勤俭度日，免去了自己的许多后顾之忧，想到妻子病重竟然无法回家去陪伴她，如今她却病逝家乡，自己却仍然不能够回家送别敬爱的妻子！妻子丙莲虽是一个识字不多的农家妇女，但由于常常受到爱国思想的熏陶，也渐渐明白了一些革命道理，对自己长期不在家，从无半点怨言，她总是那样的理解和支持自己。想到此，吴玉章竟然失声痛哭了起来！他对着江水，强咬牙关、默默地呼喊着妻子的名字：“丙莲、丙莲！”

几十年来，吴玉章同志为中国革命事业奋不顾身，忘我战斗，长期奔波在外，不管是早年留学日本，还是以后流亡法国，他总是持身高洁，注意民族道德操守，不为资本主义世界的金钱美女所动。他在《六十自述》中赞扬妻子说：“我既从事革命，不能顾及家庭。我有一儿一女，家里又穷，在日本留学时，家曾断炊数日，终赖她勤俭得以使儿女长成。古人说，‘贫贱之交不可忘，糟糠之妻不下堂’，何忍负之！”他还写道“我觉得我生在这新旧过渡时代，以我个人的苦痛来结束旧的道德，过渡到新的道德，使在我以后的人不致再受这种苦痛，就要建立共产主义的婚姻道德，如马克思、列宁的婚姻道德一样，以解放今后世界的女子。我很庆幸的是我的妻子比我年龄稍大一点现还健在。世人所羡慕的是‘富贵双双到白头’，而我们所宝贵的是‘贫贱双双到白头’。”

想到自己不能够亲自回家料理丧事，吴玉章在办公室怀着对妻子的无限深情提笔写下了《哭吾妻游丙莲》的祭文一篇：

“我哭丙莲，我哭你是时代的牺牲品。我们结婚有五十年，我离开你就有四十四年。我为了要打倒帝国主义的压迫，专制政治的压迫，社会生活的压迫，在1930年正月，离开家庭到日本，随即参加革命。……由于你的克勤克俭，使儿女得以长成，家庭免于贫困。满以为革命功成，将和你家园团聚，乐享太平。料不到四十年来，中国的革命前途虽然走上光明，而迂回曲折，还有一段艰苦的路程。你既未能享受旧时代的幸福，又未能享受新时代的光荣。今别我而长逝，成了时代的牺牲品，能不令人伤心。

我哭丙莲，……我参加革命，家中全赖你苦撑苦挣……使我这天涯海角之人得以安心。……我本是一个革命家庭，我二哥为打倒袁世凯的二次革命失败，悲愤自缢而牺牲，我大哥因大革命失败而牺牲，我四侄鸣和因土地革命而牺牲。这种种不幸，犹赖你能安慰嫂，团结侄辈，使家庭和顺。

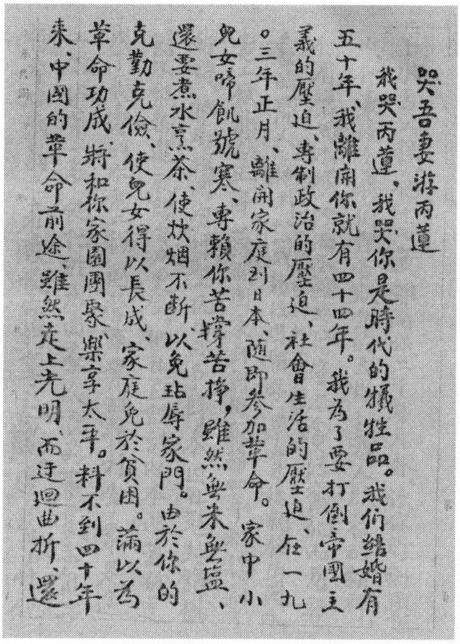
哭吾妻游丙蓮

我哭丙蓮，我哭你是時代的犧牲品。我們結婚有五十年，我離開你就有四十四年。我為了要打倒帝國主義的壓迫、專制政治的壓迫、社會生活的壓迫，在一九〇三年正月，離開家庭到日本，隨即參加革命。家中小兒女啼飢號寒，專賴你苦撐苦掙，雖然無米無鹽，還要煮水烹茶，使炊烟不斷，以免玷辱家門。由於你的克勤克儉，使兒女得以長成，家庭免於貧困。滿以為革命功成，將和你家園團聚，樂享太平。料不到四十年來，中國的革命前途，雖然走上光明，而迂迴曲折，還

吴玉章的哭妻书

你待人忠厚，做事谨慎，使亲友称誉，你不愧贤妻良母典型。

亲爱的丙莲，我们永别了！我不敢哭，我不能哭，我不愿哭。因为我中华民族的优秀的儿女牺牲得太多了！哭不能了事，哭无益于事。还因为我们虽然战胜了日寇、法西斯蒂，而今天我们受新的帝国主义和新的法西斯蒂的压迫更甚。……我何敢以儿女私情，松懈我救国救民的神圣责任。我们只有以不屈不挠，再接再励之精神，团结我千百万优秀的革命儿女，打倒新的帝国主义，新的法西斯蒂，建成一个独立，自由，民主，统一和繁荣的新中国，以慰你在天之灵，丙莲，安息吧！最后的胜利，一定属于广大的人民。”

吴玉章的这篇祭文，情深意笃，深切地表达了一个共产党人热爱祖国，忠于爱情，公而忘私的高尚情操。

吴玉章从参加同盟会到参加中国共产党，从参加孙中山先生领导的旧民主主义革命到参加中国共产党领导的新民主主义革命、社会主义革命，为社会进步、民族解放和社会主义建设、党的事业奋斗一生，历经三个历史时期，始终站在时代的前列，受到了全党和全国各族人民的敬重和爱戴。

1940年1月15日，党中央为了表彰吴玉章的革命功绩，为他补行了六十寿辰（本是1938年12月30日）的庆祝大会。中共中央发了贺词，毛泽东亲临致祝词说："从同盟会中留下到今天的人，已经不多了，而始终为革命奋斗、无论如何不变其革命节操的更没有几个人了。要这样做，不但需要有坚定正确的政治方向，而且需要艰苦奋斗的精神，不然就不能抵抗各种恶势力恶风浪，例如死的威胁，饥饿的威胁，革命失败的威胁等等，我们的吴玉章同志就是经过这样无数的风浪而留下来的。"

最后毛泽东还称赞吴玉章说："一个人做点好事并不难，难的是一辈子做好事，不做坏事，一贯的有益于广大群众，一贯的有益于青年，一贯的有益于革命，艰苦奋斗几十年如一日，这才是最难最难的呵。"

吴玉章自己曾经这样说道："人生在世，事业为重。一息尚存，绝不松劲。东风得势，时代更新。趁此时机，奋勇前进。"

全国解放前夕，吴老的独生子震寰在成都被国民党反动派杀害了。当时，吴老的四个孙儿孙女，最大的才八岁，最小的还没有出生。解放以后，吴老就把儿媳和孙儿孙女们接到北京居住。十多年来，吴老身居要职，但一直住在东四六条三十九号的几间旧房子里。吴老的卧室，长年不见阳光，白天也要开灯。组织上几次要给吴老调整住房，都被他拒绝了。

吴玉章在重庆曾家岩50号

吴老对儿孙们的要求十分严格，经常教育他们要接近工农群众，不要搞特殊化。他谆谆告诫说："你们是干部子弟，没有什么可以特殊的。如果说特殊的话，就是要表现得更好。你们要严格要求自己，不能成为精神贵族，不要成为败家子弟，纨绔子弟。”还说：“创业难，守业更难，要把革命前辈打下的江山很好地接过去，不通过艰苦的工作是不行的。”

一九六六年十二月，吴老不幸在北京病逝，终年八十八岁。他生前没有给子孙后代留下什么物质财富，但却给他们留下了取之不尽，用之不竭的精神财富，他的哭妻书就是最好的革命教材。

（中国民主党派历史陈列馆副馆长　陈红）

延安佳话

——“窑洞对”

在中国民主党派历史陈列馆中国民主建国会展区有着这样一张照片，它定格在1945年的延安机场，毛泽东与黄炎培四目相投，似乎在交谈着什么……其实这已不是他们第一次见面，但这次的见面、交谈举世闻名，不仅被后人誉为延安佳话“窑洞对”，而“窑洞对”更成为了中国近现代史上关于政权建设的经典之谈。

1945年7月，为促成国共和谈，黄炎培、褚辅成等六人以国民参政员的身份到访延安。黄炎培一直信奉百闻不如一见，延安这块宝地，他早就想亲眼去看看了，因此一踏上陕北这块土地，黄炎培便迫不及待走访延安各个角落，感受颇深，虽然这里没有当时重庆的繁华，但这里的人朴实、真诚，朝气蓬勃，与国统区阴霾的气氛截然不同。访问期间，六名参政员受毛泽东之邀专程来到杨家岭中共领导人住所进行拜访，在这里，毛泽东与黄炎培促膝长谈。

在交谈中毛泽东问道黄炎培：“任之先生，这几天通过你的所见所闻，感想如何？”黄炎培直言相答：“我生六十多年，耳闻的不说，所亲眼见到的，真所谓‘其兴也勃焉，其亡也忽焉’，一

毛泽东与黄炎培

人，一家，一团体，一地方，乃至一国，不少单位都没有能跳出这周期率的支配力。大凡初时聚精会神，没有一事不用心，没有一人不卖力，也许那时艰难困苦，只有从万死中觅取一生。既而环境渐渐好转了，精神也就渐渐放下了。有的因为历时长久，自然地惰性发作，由少数演为多数，到风气养成，虽有大力，无法扭转，并且无法补救。也有为了区域一步步扩大的，它的扩大，有的出于自然发展，有的为功业欲所驱使，强求发展，到干部人才渐见竭蹶、艰于应付的时候，环境倒越加复杂起来了，控制力不免趋于薄弱了。一部历史，'政怠宦成'的也有，'人亡政息'的也有，'求荣取辱'的也有。总之没有能跳出这周期率。"

黄炎培肖像

毛泽东精彩地答道："我们已经找到新路，我们能跳出这周期率。这条新路，就是民主。只有让人民来监督政府，政府才不敢松懈。只有人人起来负责，才不会人亡政息。"黄炎培听了毛泽东的回答，十分高兴，说："这话是对的，只有把大政方针决之于公众，个人功业欲才不会发生，只有把每个地方的事，公之于每个地方的人，才能使得地地得人，人人得事，让民主来打破这周期率，怕是有效的。"

这段对话，人称"窑洞对"，更是被后人引用为关于政权建设的经典之谈。

黄炎培与毛泽东所讨论的政权兴亡历史规律，不知黄炎培当时是否有意提出。不过从当时的社会情况看，共产党在抗战中为国为民的实际表现、与国民党的腐败无能形成了鲜明的对比，是否黄炎培已经有所预感，要中共能够对执政问题进行思考？或者说是对未来预见的一种忠告？

延安归来

短短五天的延安之行，给年近七旬的黄炎培留下了深刻的印象，看到延安的盛况，犹如看到了中国未来的光明前途，在回到重庆之后不久，他就将此次出访延安的所见所闻以日记的形式写下了《延安归来》一书。《延安归来》发行之后，初版两万册在几天之内一销而光，虽然仅仅只是一本七十四页的小册子，但在当时大后方、港、沪等地却产生了巨大的政治影响。

（讲解员　熊珮）

周恩来的一封亲笔信

在特园——中国民主党派历史陈列馆二楼的“中国民主同盟”展区内，陈列着周恩来所写的一封亲笔信，只见上面写有:“映芙先生道右:捧读惠书，敬悉一一，诸承策免，毋任感幸。目前局势，诚如尊示所云，内战正在扩大，谈判已在若断若续之中。和平坚持，端赖各方协力。敝党仍当本和平、民主、独立之一贯方针，继续奋斗，誓为各方后盾。先生等南方苦撑，已历年所，不图胜利后压迫更甚。遥望南天，不胜怀念，专此布复，敬颂公祺！……”信中的映芙先生是谁？又是谁让他们陷入了“南方苦撑”的境况？

映芙先生，原名丘哲，出生于1885年，广东梅县松口镇大黄村人，著名爱国民主人士，中国农工民主党、中国民主同盟的创建人和领导者之一，解放后曾任广东省副省长等职。他们之所以陷入“南方苦撑”的局面还要从1945年说起，当时，中国人民经过八年的浴血奋战终于迎来了抗日战争的全面胜利。中国共产党为了尽一切可能争取和平和阻止内战的爆发，决定接受蒋介石的邀请，派毛泽东、周恩来、王

丘哲

若飞赴重庆谈判。经过43天的谈判最后在张治中将军的公馆“桂园”签订了《双十协定》，全国人民对民主宪政寄以很大的期望，但以蒋介石为首的国民政府并不想就此放弃自己“一党独大”的政治局面，在美国的支持之下他们一面与中共谈判拖延时间，一面积极的为内战做准备。为了维护政协决议，进一步力争和平民主，反对内战，拥护共产党提出的组织联合政府，各民主党派都用实际行动来进行了争取。其中丘哲等人更是在香港创办了《人民报》，为了扩大《人民报》的影响力，丘哲等人决定将《人民报》内迁广州出版。为此，丘哲与彭泽民联名写信给当时广州行营主任张发奎，指出：“《人民报》迁广州出版，其宗旨是反对内战，争取民主，成立联合政府，我‘解委会’有责任督促国民党，促其遵守政协决议，请阁下以地方官的权力，给予《人民报》以各种便利，更有责任保护《人民报》不受反对分子捣乱破坏。”这张发奎是个什么样的人？丘哲、彭泽民所写的这封信会有作用吗？《人民报》能顺利在广州发行吗？张发奎是广东始兴人，中国国民党军陆军二级上将，抗日战争期间，先后任集团军总司令、兵团总司令、战区司令长官、方面军司令官等职，率部参加过淞沪、武汉、昆仑关等战役，抗战胜利后，任广州行营主任，他虽然是个职业军人，但其实是个儒将，家学渊源

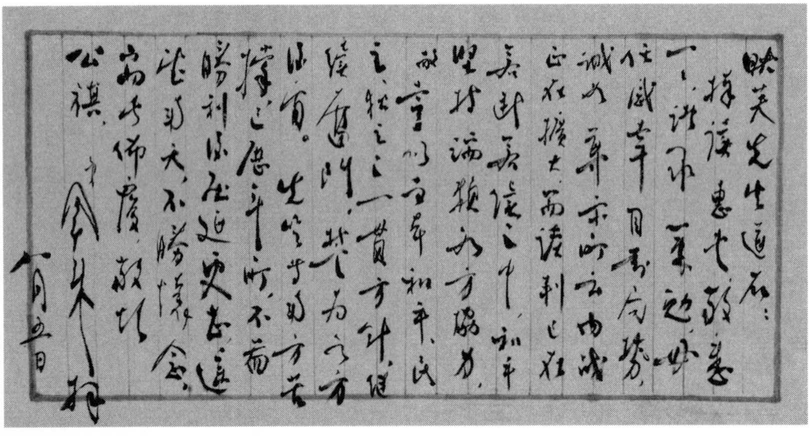

周恩来写给丘哲的信

深厚，少年颖悟，饱读诗书。不仅如此，他弟弟还是黄琪翔的妹夫，丘哲曾经两次救黄琪翔于危难之中，所以张发奎在看到丘哲与彭泽民的信后，欣然批准。4月1日，《人民报》迁址广州继续顺利发行，在《人民报》出版的日子里，始终站在人民的立场，积极开展民主与和平的宣传，对国内的政治斗争进行了报道和评论，揭露了国民党假和平、真内战的阴谋。不但壮大了爱国民主力量在港澳和海外地区的宣传阵地，更在反对蒋介石发动内战，争取民主，成立联合政府方面，发挥了积极作用。周恩来曾经称颂它为“人民之友”，董必武赞扬它为“人民之声”。但遗憾的是，1946年初，蒋介石还是片面的撕毁政协决议，他不但对共产党进行打压，对要求革命的爱国人士、进步青年也不放过，当时李公朴、闻一多等许多爱国志士被国民党特务暗杀，可以说当时中国国内的时局十分混乱，人人自危，许多民主人士、进步教授和学生迫于时局纷纷到香港避难，当时大家的思想比较复杂，对未来充满了不确定，所以在5月间，丘哲将南方民主党派、爱国人士状况及自己对时局的看法，写信告诉周恩来，并向周恩来请教应如何应对这样的局面。8月5日，周恩来在南京梅园新村给当时在香港的丘哲回复了前面我们提到的那封信，信虽然只有短短的200余字，但却给对前途感到渺茫的民主人士指明了正确的方向，对丘哲和其他在港坚持和平民主斗争的各党派和爱国民主人士也是极大的鼓舞。

（讲解员　廖艺文）

周海婴的相机

1948年4月在太行山的老区山村，时任中华通讯社社长的廖承志，给中共中央发了一封简短的电报，询问五一劳动节将要到来中央有什么重要事情要发布。从时间上看，带领中央机关转战一年多的毛泽东此时还没有安顿下来，但廖承志的电文引起了他的注意。很快，一份《中共中央纪念五一劳动节口号》放在了毛泽东的案头。口号初稿原本共有24条，毛泽东将第23条“中国人民的领袖毛主席万岁”划掉，将第24条“中国共产党万岁”改为“中华民族解放万岁”之后，将口号的第5条改为如下文字:“各民主党派、各人民团体、各社会贤达迅速召开政治协商会议，讨论并实现召集人民代表大会成立民主联合政府。”就在“五一口号”发布的同一天，国民党的所谓国民大会在南京闭幕，选举出总统、副总统。这场冠以国民标题的会议现在被人们称为“伪国民大会”，而当时的人们称之为“蒋记国大”，因为几乎所有进步的民主党派都拒绝参加这场缺失民心的大会。

而这时的毛泽东，却忙着查看来自各地响应“五一口号”的电报。第一个回应的是新加坡华侨陈嘉庚，第二天民盟、民进、民革、民促、致公党等各民主党派向全国发表通电，还有更多的团体和个人也纷纷发表声明拥护共产党的号召。振臂一呼，应者云集，没有比这句话更准确的形容这一情景了。

1948年的深秋，远在香港的各民主党派领导人和无党派人士，乘坐悬挂有葡萄牙国旗的“华中轮”离港北上，为筹备新政协共商建国大计踏上了奔赴解放区的秘密之旅。团队中有位年仅19岁的少年在他母亲的引领下也登上了这一艘大船，母子俩就是鲁迅先生的妻子许广平和儿子周海婴。同船的还有郭沫若、马叙伦、陈其尤、沙千里、许宝驹、侯外庐、翦伯赞、冯裕芳等知名人士。离港前，周海婴和母亲利用地下党所给的1 000港币在旧货市场购置了一些二手衣服，省下了800多块港币。于是，酷爱摄影的周海婴马上货比三家，买了一台低价的德制“禄莱”相机和20多个胶卷。在当时那个特殊的时期，为了安全、不引人注目地到达东北解放区，整个北上计划是完全保密的，所以也就不可能有摄影记者跟随报道，而周海婴的相机就成了船上唯一的影像记录工具。刚开始他拿出相机拍摄沿途风景，有时还会请到同行的人当他的“模特”，到后来，大家都主动叫到“海婴海婴，过来帮我们拍一张”。而在这些“模特”中就包括了李济深、沈钧儒、蔡廷锴等有名的将领。也正在这时，周海婴带着他的相机从一个酷爱摄影的青年转变成了民主人士秘密前往东北解放区参加全国第一次政协会议的历史见证人。

经过三天的航行，“华中轮”停靠在安东附近的“大王岛”一行人员。在中共中央东北区负责同志的护送下大家顺利到达了哈尔滨。正在这时沈阳解放的捷报传来，于是在抵达丹东后，大家又乘坐军用卡车继续前行到达了沈阳。终于在12月8日大家在沈阳铁路宾馆暂时安顿了下来，并在宾馆内讨论了新政协召开的有关事宜。在沈阳期间，民主人士还参观考察了抚顺、吉林、长春、哈尔滨等地的学校、工厂，看到了解放区的土地改革给农民带来的喜悦。此时的周海婴也用他的这一台低价相机默默地记录着他看到的画面，而这些画面如今也成为了这段历史最重要的见证！没有人能够否认，在这场大迁徙的背后蕴藏着一个千古真理：人心向背才是历史的真正裁决。

这是在登陆丹东码头后大家要求周海婴拍下的集体合影

在从香港到东北这10天旅程中，周海婴船上船下拍了大约70张照片，用的是他在香港买的柯达胶卷，当时算是很奢侈的。作为家属和晚辈同行的他也让众名流们感到格外亲切，纷纷招呼他帮着拍合影或肖像。在周海婴的相机里，为这段改朝换代的“新政协”留下了唯一的历史文献价值和独特的艺术价值。这是在登陆丹东码头后大家要求周海婴拍下的集体合影，以天空作为背景，印入画面的14个人物都意气奋发，特别是在画面前景的左下角，被周海婴有心留下的行李卷正式展现出这一历史细节的恰好之处。

六十多年风雨之后，这台相机现在静静摆放在位于重庆的中国民主党派历史陈列馆内，并被评定为国家一级文物。虽然他的主人已经离开，但这台相机会继承主人的遗志：讲述它和主人曾经一起看到的画面——一团团云彩向北飞的故事。

（讲解员　王灿）

民主之家

——特园

重庆，一座美丽的山城，位于长江和嘉陵江两江交汇处。在20世纪30年代的重庆上清寺的嘉陵江畔，有一处花园别墅，它雄踞山头，矗立在各种各样的树木花草中间，这就是名震一时的“民主之家”——特园。特园的主人叫鲜英，字特生，“特园”就是用他的“字”命名的。

鲜英，1885年出生于四川省西充县太平镇鲜家沟。青年时入伍当兵，后升入陆军速成学堂，与刘湘、杨森、王缵绪、潘文华等为同窗好友。1913年，鲜英随“国会议员”张澜赴京见袁世凯，并任总统府侍卫官。后来鲜英见袁世凯醉心帝制，于是便以读书深造为名，离职考入陆军大学。毕业回川后，他先后任钟体道师支队长、刘湘部10师师长兼重庆铜元局局长和南充第11区行政督察专员等职。

鲜英

特园始建于1929年，1931年建成，所在地原属江西会馆的一块坡地，有70余亩。特园内建筑物较多，其中有三处楼房最具代表性。一为“鲜宅”，有大小房间20余间，鲜英把自己在鲜宅内

康庄

居住的主楼取名为“达观楼”，意为“心胸开朗，见解通达”，显示出自己的性格和胸襟。二为“平庐”，以鲜英八女鲜继平的“平”字命名的。三为“康庄”，这是以鲜英九女鲜继康的“康”字命名。

康庄是四幢三层的西式洋房，两两相连，至今保存。康庄修好之后，主要是对外出租用的。当时租下康庄最大的一个高官，就是时任国民政府军事委员会副委员长的冯玉祥将军。抗战初期，荷兰大使馆、意大利大使馆、苏联军事代表团以及盟军军事代表团等机构也都曾借驻于此。

在抗日战争时期和解放战争初期，特园为奔走于国事的民主人士敞开大门。这里成为了中共和各民主党派活动的重要场所之一，是南方局在重庆贯彻党的抗日民族统一战线政策的历史见证，也是民盟和民革前身的一部分——三民主义同志联合会的诞生地。周恩来、董必武、王若飞等中共人士都曾是特园的嘉宾；张澜、黄炎培、沈钧儒等社会知名人士都曾以特园为民主运动的大本营，不少人寄宿于特园。冯玉祥、孙科、于右任、柳亚子、潘文华、刘文辉等国民党方面的要员、地方实力派也是特园的座上客。

由于中共南方局借特园广泛开展活动，广大进步人士为坚持抗战、争取民主，纷纷团结在中共领导的抗日民族统一战线的旗帜下，使特园形成盟友如云的热烈场面。其客人少则数十，多则上百；有时全天开流水席，就餐的人随到随吃。故特园经常出现“座上客常满，樽中酒不空”的盛况，从而誉满山城，成为党领导下的民主运动的重要活动场所。特园因此成为民主运动的大本营，被董必武誉为“民主之家”。鲜英在重庆也有了“孟尝君”的美誉。

重庆谈判期间，毛泽东曾经四顾特园，一莅康庄。三位莅临特园鲜宅会见中国民主同盟主席张澜，讨论国共谈判的进展情况，他曾经深情地感慨道：“这里是民主之家，我也到家了。今天我们聚会在‘民主之家’，今后我们共同努力，生活在民主之国。”常来鲜宅做客的冯玉祥将军用隶书题写了“民主之家”的门匾，张澜也亲自为“民主之家”撰写的这副楹联：“谁似这川北老人风流，善工书，善将兵，善收藏图籍，放眼达观楼，更赢得江山如画。哪管他法西斯蒂压迫，有职教，有文协，有政治党团，抵掌天下事，常集此民主之家。”董老起名，冯玉祥将军题字，再配上表老亲自撰写的楹联，特园的这三件宝物，可以称得上是“三绝”了。

在上世纪60年代，特园曾发生大火，鲜英长子鲜继英舍命将这块“民主之家”的木匾抢救出来，才使该匾得以保存下来。现该匾

民主之家门匾

被评定为国家一级文物，保存于中国民主党派历史陈列馆。

新中国成立后，特园和康庄曾一度作为重庆市级机关有关部门的职工住房。特园在1966年毁于“文革”中两派武斗的炮火。1997年，康庄被重庆市人民政府公布为省级文物保护单位。2006年，经中共中央统战部批准，重庆市人民政府出资，修葺复原了康庄原貌。2011年，在康庄旧居旁，建立起了“中国民主党派历史陈列馆”，成为中国第一座全面展示中国共产党领导的多党合作和政治协商制度在中国长期革命、建设、改革实践中形成和发展历史的陈列馆。

（讲解员　熊嫣然）

后　记

参加这本书撰写的都是一些讲解员，他们在学习、研究红岩历史文化的过程中，在无数次的讲解经验积累中，有感而发，言为心声，编辑整理出这些小故事，这是他们的处女作，也是他们忠诚于红岩文化事业的实践。我们期盼着他们成为红岩文化的传播者，我们更希望他们能够持之以恒，脚踏实地，积极作为。

本书在撰写过程当中也得到不少专家的指点，在此表示感谢。